〔日〕樱井博志 著

陶文婷 译

打造持续创新的经营

獭祭的口头禅

人民东方出版传媒

东方出版社

图书在版编目（CIP）数据

"獭祭"的口头禅：打造持续创新的经营模式 / （日）樱井博志 著；
陶文婷 译 . — 北京：东方出版社，2021.6
（日本中小企业经管书系）
ISBN 978-7-5207-2131-8

Ⅰ.①獭… Ⅱ.①樱…②陶… Ⅲ.①酿酒工业 - 工业企业管理 - 研究 - 日本
Ⅳ.① F431.368

中国版本图书馆 CIP 数据核字（2021）第 062704 号

KACHITSUZUKERU「SHIKUMI」WO TSUKURU DASSAI NO KUCHIGUSE
© Hiroshi Sakurai 2017
First published in Japan in 2017 by KADOKAWA CORPORATION, Tokyo.
Simplified Chinese translation rights arranged with KADOKAWA CORPORATION, Tokyo
through Hanhe International(HK) Co.,Ltd.

本书中文简体字版权由汉和国际（香港）有限公司代理
中文简体字版专有权属东方出版社
著作权合同登记号 图字：01-2020-6319号

"獭祭"的口头禅：打造持续创新的经营模式
（ TAJI DE KOUTOUCHAN: DAZAO CHIXU CHUANGXIN DE JINGYING MOSHI ）

作　　者：[日] 樱井博志
译　　者：陶文婷
责任编辑：王丽娜　郭方欣然
出　　版：东方出版社
发　　行：人民东方出版传媒有限公司
地　　址：北京市西城区北三环中路 6 号
邮　　编：100120
印　　刷：北京文昌阁彩色印刷有限责任公司
版　　次：2021 年 6 月第 1 版
印　　次：2021 年 6 月第 1 次印刷
开　　本：880 毫米 ×1230 毫米　1/32
印　　张：6.5
字　　数：100 千字
书　　号：ISBN 978-7-5207-2131-8
定　　价：52.00 元
发行电话：(010) 85924663　85924644　85924641

"獭祭 精益求精的二割三分"
（精米度 23%）

特别采用"山田锦"这种最高级的酿酒米，在制作过程中精益求精，运用日本最顶尖的碾米技术，将整粒米打磨掉 77%，只留下 23% 的精华部分，这才酿造出旭酒造最引以为豪的纯米大吟酿——"獭祭"。

"山田锦"的玄米

碾磨后的米只保留 23% 的精华部分

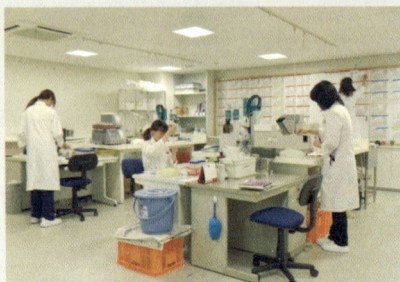

"分析室"统一管理各个酿酒环节的温度、湿度以及酒精的度数等各种数据,通过"大数据"酿造出美味的佳酿。这种酿酒方式,与主要依靠酿酒师的经验和感觉来酿酒的日本传统酿酒业截然不同。

12层的现代化酒窖——本藏。这与日本传统的木质酒窖相比,具有完全不同的风格。

"獭祭"是在5℃的恒温下进行发酵的,旭酒造拥有5℃恒温发酵室,可以让酿酒摆脱自然条件的束缚,全年不间断地酿酒。

无论酒窖或者酿酒设备如何先进，要酿造出品质一流的清酒，人的智慧和劳动是不可或缺的。为了做出最好的酒曲，员工得轮班工作两个半昼夜。

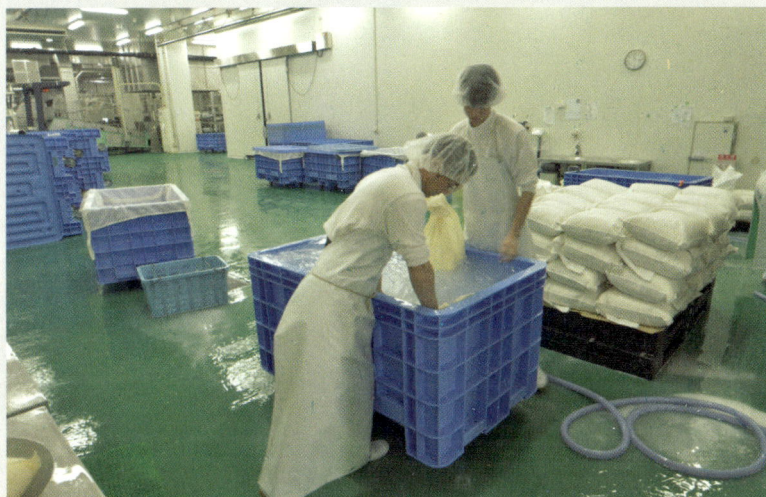

为了严格管控米中的水分，我们现在还是采用人工洗米的方式。旭酒造的员工在一年之内，就可以酿造出一般酒厂 10 年才能酿出的纯米大吟酿。所以，在纯米大吟酿的酿造技术方面，我们一点儿都不会输给经验丰富的杜氏（酿酒师）。

与法国名厨乔·卢布松先生（Jol Robuchon）合作，2017 年共同在法国巴黎开设了综合餐厅。

东京银座的旗舰店——"獭祭银座店"。在京桥也开了一家连锁店"獭祭 Bar 23"

旭酒造的主打产品

任何一款清酒都是采用日本最高级的酿酒方法酿造出的纯米大吟酿。

"獭祭"三割九分
（精米度 39%）

只采用优质大米 39% 的精华部分酿造而成。拥有华丽的香味和口感。

"獭祭"二割三分
（精米度 23%）

采用"山田锦"优质大米，运用日本最先进的碾米技术，仅保留大米 23% 的精华部分酿造而成。是日本的最高水平。

"獭祭"纯米大吟酿 50
（精米度 50%）

采用优质大米 50% 的精华部分酿造而成，是旭酒造中最受大众喜爱的一款清酒。这是一款适合日常小酌的纯米大吟酿。

目 录

前 言 / 001

第一章 创造了"獭祭"辉煌的"口头禅"

"经验和直觉"不过是托词罢了 / 003

不要拘泥于"传统" / 010

将"经验和直觉"可视化 / 019

什么才是"好东西"? / 024

酿酒指导手册之外的"2%"决定一切 / 032

"任何时候都好喝"是我们的最高追求 / 036

"埋头苦干"的同时也得"抬头看路" / 041

"机会主义"促生最好的产品 / 048

超越极限,遇见未来 / 053

第二章　征战商场的管理者的"口头禅"

行业的危机中也暗藏着机遇　/ 061

鼓起勇气舍弃"理所当然"　/ 068

不要被习惯所束缚　/ 073

追求"共赢"　/ 079

不追求"溢价"　/ 084

不要害怕说"真心话"　/ 089

社长不必太强势　/ 092

第三章　赢得顾客支持的"口头禅"

舍弃那些"用来买醉、用来卖钱"的酒　/ 099

品牌不是"创造"出来的，是"守护"出来的　/ 104

公司的经营逻辑要对顾客做到"全透明"　/ 108

好酒光"造出来"是不行的，还要"送到"顾
　　客手中　/ 111

顾客的话不能"原封不动"地听　/ 116

只有"专注"才能"扩展"　/ 119

第四章　让产品走向世界的"口头禅"

主攻市场的中心　/ 125

竞争对手是"先来杯啤酒"　/ 129

抛弃"只顾自己"的想法 / 134

不要一味迎合对方,"传播自己的价值观"才最重要 / 139

有"销售意愿"的地方才能开辟出市场 / 147

第五章 促进公司和员工成长的"口头禅"

"危机"会使人成长 / 155

不断地改变 / 162

忽略"成本" / 165

卖"毒药",还是卖"幸福"? / 170

创造品牌要做好思想准备 / 175

成为"会思考"的人,而不是"会卖货"的人 / 181

结束语 / 186

前　言

《"獭祭"酒，进入巴黎》

在 2016 年 10 月的报纸新闻中，这样一条新闻标题十分引人注目。

我与全世界旗下餐厅米其林星级相加总数最多的法国名厨乔·卢布松（Jol Rabuchon）先生，共同制定了一个宏伟的计划——在 2017 年秋天，在法国巴黎共同开设一家可以品尝到日本酒"獭祭"的包括餐厅、酒吧、商店、咖啡厅等在内的综合店。

旭酒造从 2000 年开始进入国外市场，一直向巴黎、纽约等 20 多个国家的城市销售"獭祭"，但是，法国的这家是我们在海外开设的第一家实体店。

很多人乍一听到"旭酒造在法国巴黎开店"，可能会觉得难以置信吧。

日本清酒市场被称为"夕阳产业"，在 1973 年第一次石油危机时陷入最低谷，销量锐减到了之前的三分之一。不少人都说，现在的年轻人已经逐渐疏远了日本清酒。

然而，在日本国内持续低迷的日本清酒，近几年却扎根海外市场得到了繁荣发展。旭酒造也接到越来越多的来自日本出口商和外国进口商的询价。另外，从海外来我们酒窖研修学习的人士也络绎不绝。每个月，我们都要接待好几个前来参观学习的外国研修团。这让我们切实地感受到了日本酒在海外的人气。

正是在这样的大背景下，旭酒造才决定前往法国开店。因为，这不仅可以让外国人领略到日本饮食文化中日本酒的魅力，同时，也可以在世界范围内宣传和推广我们的自信之作——"獭祭"酒。

我们希望，将法国的饮食文化魅力以及"獭祭"的魅力结合起来，为日本酒开创出一片新的天地，从而获得更大的市场。

与其说，新的浪潮已经开始涌向长期处于低谷的日本酒行业，不如说，是"獭祭"率先掀起了新的浪潮。

我估计，这本书的读者当中，也许有很多人是第一次听说"獭祭"，或者只听说过却不甚了解它。所以，我想先介绍一下"獭祭"。

　　旭酒造创立于 1948 年，是一家位于山口县东部、岩国市的深山里的酿酒厂。我是第三代社长。2016 年 10 月，我的儿子作为第四代传承人继承了社长的位子后，开始采用了新的体制。

　　从山阳新干线的德山站换乘当地的岩德线后，40 分钟即可到达 JR 的周防高森站，这是距离我们最近的车站。附近有著名的观光景点——锦带桥，四周自然风景优美，有着广阔田野，是一个安静的地方。从车站下车后再换乘汽车，大约 15 分钟，就能看见一栋 12 层的建筑物"本藏"（"本社藏"），我们的招牌产品——"獭祭"，就是在这里酿造出来的。

　　虽然旭酒造也用酿酒过程中产生的酒糟来制作点心等衍生产品，但我们的主力产品仍是"獭祭"。"獭祭"系列有很多种类。现在，我们只专注于酿造"獭祭"并将它做到极致，除它之外的任何酒都不酿。

　　父亲去世后，我开始继任旭酒造社长，那是 1984 年。当时，公司的销售额跌落到了上一年的 85%，仅为过去 10 年销售额的三分之一，而在之前的 5 年里，公司连员工加薪、投资购买设备都没钱。当时，作为公司招牌产品的"旭富士"酒的销售额，在岩国市当地也只能排名第四，完全陷入低潮。

　　"獭祭"诞生于 1990 年。在我父亲担任社长的那个年代，旭酒造主要是酿造和销售"旭富士"。与"獭祭"相比，也许，旭酒造这个名字的存在感较低，不过原本"旭富士"才是我们的主力产品。

　　采用日本酒中最高级的酿造方法——纯米大吟酿是"獭祭"最大的特点之一。说起日本酒，大家也许会联想到"辛辣"一词，但是，"獭祭"却能散发出梨子般甜美的香味。

　　我们一直致力于酿造出一款将华丽的香味、芳醇的味道、浓郁的含香以及令人精神爽快的酸味恰到好处地融合为一体、口感清爽却回味悠长的好酒。

　　正因为专注于品质与口味，我们生产的日本酒逐渐受到了大家的好评。不仅获得了日本酒爱好者们的频频赞赏，即使是平时不太习惯喝日本酒的人，在品尝了我们的产品后，也情不自禁地说出了"这酒不错""这酒改变了我对日本酒的成见"等赞美之词。

　　在某电视节目中，一位女明星品尝了"獭祭"后评价："这酒跟我以前喝过的日本酒完全不同，口感非常好。"我们经常说："是不是好酒，入口即知。没有不是行家就品不出来的好酒。"这位女明星的评论也证明了这一点。

除此之外，媒体也屡次对"獭祭"进行了报道。2014 年时任美国总统奥巴马访问日本之际，日本首相安倍晋三就把"獭祭"酒当作礼物送给了他。此事也成了当时的热门话题。

我作为第三代继承人刚担任社长的时候，旭酒造的销售额还不到 1 亿日元。老实说，当时公司随时面临倒闭的风险。但到了 2010 年，公司的销售额突破了 10 亿日元，2013 年达到 37 亿日元，2014 年达到 46 亿日元，2015 年更是达到 65 亿日元，销售额呈现出快速增长的态势。

2016 年 9 月，公司的销售额为 108 亿日元，发货量大约为 2.6 万石（4.68 $\times 10^6$ 升），其中 10% 的订单是来自海外市场。也就是说，我们在一年之内增收了大约 65%，发货量比两年前增加了两倍以上。现在，"獭祭"在"纯米大吟酿"的各品牌酒中，销售额稳居日本第一。

在日本清酒市场不断萎缩的大环境下，为什么"獭祭"的销量却能够实现增长呢？

"因为市场营销做得不错。"

"因为采用的是经过深思熟虑后形成的商业模式。"

"为了进入全世界市场，制定了一个精准的策略。"

以上是我们经常听到的评价，但我们并不是从一开始就拥有卓越的战略和成熟的商业模式的。

我们是在公司面临倒闭的危机时，大胆地进行了尝试和创新，这才探索出一条"生路"——创造出"獭祭"这个清酒品牌，扎扎实实地、一步一个脚印地走到今天。

我可以自豪地说：我们创造出"獭祭"，并不是为了让人一醉方休，也不单纯追求销量，只为供世人品尝、回味。

我们只酿造让客人品尝后感到愉悦并回味无穷的好酒。始终秉承"酿出让顾客感到幸福的酒"这一宗旨，今天我们才能得到大家的青睐。

回顾这 30 多年经营酒窖的历程，有一个"法宝"是让我们获得成功的关键，我也曾在各种各样的场合多次提到过，可以说，正是这些我们奉之为"法宝"的"口头禅"，创造了现在"獭祭"的辉煌。

在本书中，我将介绍我和我的员工经常使用的"獭祭的口头禅"。其中有一些是我自己奉为经典的话语，也有一些是来自我与客户、员工等打交道的过程中获得的灵感。

世界上也有很多和日本清酒行业一样，因市场不断萎缩而面临困境的行业。

但是，我们没有必要为市场的低迷而感到悲观，因为危机中也暗藏着机遇。市场萎缩的行业中存在问题和矛盾，而我们只要能找到解决的办法，就能"山重水复疑无路，柳暗花明又一村"。

我在回顾这些岁月的时候，也不由得感叹，危机是与机遇并存的。如果我的经验能给各位提供参考，不胜荣幸。

旭酒造株式会社会长　樱井博志

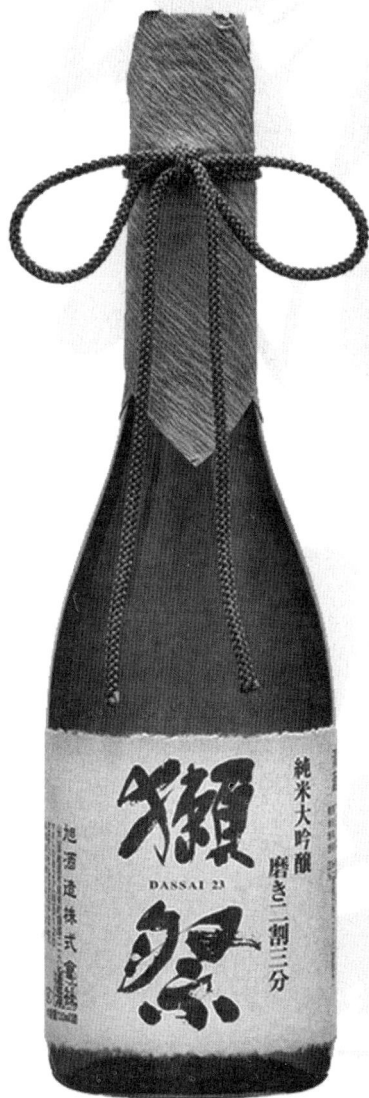

第一章

创造了『獭祭』

辉煌的『口头禅』

"经验和直觉"不过是托词罢了

旭酒造酿造清酒的方式与一般的酒厂相比，存在着根本性的差异。

那就是，我们这里没有杜氏。

以杜氏为中心进行酿酒是酒厂的常规做法。

杜氏就是酿酒过程中的总负责人。一到冬季，以杜氏为中心的酿酒师团队就会聚集到各大酒窖。

酒厂与杜氏的合同通常是一年一签，他们相当于现在我们所说的自由职业者。

如果把酒厂的社长和杜氏的关系放在职业棒球中来看，类似于棒球队的老板和教练的关系。棒球队的老板是教练的雇主，但是比赛现场的指挥权却在教练那里。因此，将酿造任务全权交给酿酒技术和酿酒知识都非常丰富的杜氏后，社长一般不会在酿酒方面多嘴。

也就是说，传统的酿酒是依靠杜氏多年的"经验和直觉"进行的。

一说到"经验和直觉",大家可能会觉得这是一种非常高深玄妙的东西,只有名副其实的匠人才能把握得好。但是,我却觉得没有比"经验和直觉"更不可靠的东西了。

我跟普通酒厂的社长不同,喜欢对酿酒发表自己的看法。在父亲突然去世后担任社长的两年间,我一直没有遇到优秀的杜氏,于是索性就开始自己学习酿酒。因为在酿酒上有自己的观点,我和当时的杜氏在合作方面也遇到了一些波折。

我们的主打产品——纯米大吟酿,需要高超的酿酒技术。在酿酒方面下的功夫不同,会直接导致酒的品质高低悬殊。

纯米大吟酿是用米、酒曲①、水酿造而成的,不添加食用酒精和糖类等(我们称之为纯米酒)。这是把磨掉50%以上的优质大米(精米度在50%以下),放置在低温状态下,经过1个月以上的长时间发酵,最终酿成的酒。我们所酿造的"獭祭"全都属于纯米大吟酿。

顺便说明一下,用精米度70%以下的米酿造的酒被

①   日语中叫作"麹",是日本酒酿造过程中用的一种发酵物。

称为纯米酒、本酿造酒。用精米度 60% 以下的米酿造的酒被称为特别纯米酒、纯米吟酿酒、特别本酿造酒、吟酿酒等。

日本酒的分类

精米度	本酿造酒	纯米酒	普通酒
原料	米、酒曲、食用酒精（与米的总重量之比控制在 10%以内） 为了增加酒的风味和香气添加食用酒精。	米、酒曲 不添加食用酒精，由纯大米酿造而成。	米、酒曲、食用酒精（与米的总重量之比在 10% 以上）、其他原料 一般来说，食用酒精的含量高，每颗原料大米被磨掉的部分就少（精米度高）
没有规定	–	纯米酒	普通酒
70% 以下	本酿造酒	纯米酒	普通酒
60% 以下	特别本酿造酒	特别纯米酒	普通酒
60% 以下	吟酿酒	纯米吟酿酒	普通酒
50% 以下	大吟酿酒	纯米大吟酿酒	

> "獭祭"就是属于这个等级

日本酒的分类有点复杂，理解起来也比较难，在这里我只是想说明：花费的时间和成本最多的、品质最优的酒才能称为"纯米大吟酿"。

让员工代替杜氏酿酒

在大部分酒厂里，都是由杜氏来全权负责酿酒流程。然而，现在的旭酒造却没有聘请一个杜氏。

在我接手的时候，旭酒造并没有很优秀的杜氏。这就需要我收集来各种各样的信息，然后再与杜氏商量要酿什么样的酒。不过后来，我们聘请的杜氏非常优秀，优秀到连续 13 年为我们酿出了好酒，让公司的销售额从 9700 万日元增长到了 2 亿日元。当时，我甚至都在想：有这样一名优秀的杜氏，我大可以高枕无忧地让儿子继承公司了。

但是"天有不测风云"，因为某项新业务的失败，公司陷入了经营危机。也许那位杜氏认为，再在旭酒造干下去，可能连工资都发不出来了。于是，在公司的危急关头，杜氏辞职而去。

失去了杜氏这个顶梁柱，公司的处境无疑是雪上加霜。我们不得不开始寻找新的杜氏。不过，一个处于危机之中、随时有可能倒闭的酒厂，要找一位杜氏合作难度实在很大。于是，那时我下定决心：不再依靠杜氏，而是自己来酿酒。

大部分杜氏都是经验丰富的老手，大多在六七十岁。而上了年纪的杜氏，身体状况也经常出问题，不知道什么时候就不能来工作了。

即便当时能找到愿意合作的杜氏，也只是按照过去的做法来酿酒，和以前相比不会有什么改变和创新，只是简单的重复罢了。与其这样，倒不如干脆摆脱对杜氏的依赖，自力更生。

当我下定决心自己酿酒时，也定下了这样一条宗旨："只酿自己想酿的酒。"

这样一来，我可以不用再顾忌杜氏的想法，专心致志地酿造我所追求的纯米大吟酿。在公司生死存亡的关头，我决定背水一战，放手一搏去追逐梦想——酿造出一款自己梦寐以求的清酒。

依靠数值和数据来酿酒

一开始，我成立了一个包括我在内的 5 人团队开始酿酒。这 5 名成员中，除我之外的其他 4 人，都是完全没有酿酒经验的年轻员工，名副其实的一个外行酿酒团队。

我虽然对酿酒多少有点儿了解，但自己没有亲自酿过酒，没有杜氏协助，可以说完全是个外行。

我在酿酒过程中依靠的就是数值和数据。

在下文中我也会详细介绍，我们将碾米、洗米、蒸米、酿造、灌装等酿酒的各项流程都数据化了。也就是说，将传统酿酒所依赖的酿酒师的经验和直觉"可视化"。

数据管理下的日本酒酿造过程出乎意料地顺利，更令人吃惊的是，我们酿造的最高等级的"獭祭二割三分"自不用说，即使是一般等级的"獭祭"，也比依靠杜氏的"经验和直觉"酿造出的清酒，更具有吟酿酒的风味。

我管理公司 30 余年，如果要把这段经历划分成前后两段的话，前半段，我费尽心思才勉强把销售额从不到 1 亿日元提升到 2 亿日元，而在后半段，我自己开始酿酒，居然将清酒的销售额从 2 亿日元提升到了 108 亿日元。

正是因为我们自力更生、勇于创新并付诸行动，才创造出了现在的成绩。我们不再依赖杜氏，而是自己独创出一套酿酒方法，这才有了今天。在公司陷入困境时，杜氏的辞职曾让我们感觉走到了绝境。正所谓"塞翁失马，焉知非福"，现在回想起来，如果不是杜氏辞职，我们也不会破釜沉舟，从而走出绝境，寻找到一片新的天地……

在商业活动中，人们非常重视经验和直觉，这是我们必须面对的现实。但是，如果全部依赖经验和直觉来开展工作，也可能会产生许多问题。

不要拘泥于"传统"

一般的清酒和"獭祭"，在酿造方法上大不相同。

到昭和 40 年代为止，大多数酒厂都是在小型的建筑物中设置小型酒窖。而到了现在，即使是手工酿酒的酒窖也引入了酿酒机器来完成洗米等工序。伴随着机械化的提高，酒的产量也增加了，小型建筑物中的小酒窖也换成了大酒窖。

另一方面，大的清酒品牌因为市场需求量大，产量也非常大。它们在建成大型酒窖的同时，也在不断地推进机械自动化。所以，我们往往能看到在酒厂巨大的建筑物中排列着特别大的酒窖。

那么，"獭祭"的情况又如何呢？

于 2015 年建成的"本藏"是一座地上 12 层的大楼，被人们称为山口县第四大高楼，投资额 28 亿日元。提起酒窖，人们大都会联想到那些木质结构的历史悠久的建筑。"居然在这样的现代建筑里造酒……"许多人也许会感到十分意外。

在照片中，前面的那栋建筑也许更像人们印象中的酒窖，不过它只是一栋小学的校舍而已。旭酒造位于山谷之间，附近并没有可以建造大型酒窖的平地，只能往天空延伸，所以我们才建造了这座高高耸立的酒窖。

在"本藏"进行的酿酒工序与普通的酿酒工序也大致相同。首先，在较高的楼层洗米，在较低的楼层蒸米、制曲。然后，再装入下一楼层成排的酒窖内发酵。发酵好之后，再下移一个楼层，上槽，装瓶，最后发货。我们只是把以往的酿酒过程变成了纵向的工序而已（关于"本藏"酿酒的工序请参照第 13 页的图片）。

产量增加也要保持品质如一

有不少人认为，大量生产会让酒的味道和品质下降。实际上，在日本的酿酒行业也确实存在着类似的情况。

例如，用小锅做的汤与宾馆办宴会时用的大锅做的汤，味道还是不一样的。

到现在为止，一些扩大了规模的日本酒厂，也是采用类似的办法，把酿酒的酒窖扩大，从而大量生产。

但是，日本清酒的发酵过程非常复杂，如果单纯地扩大酿酒容器，味道肯定得不到保障。这是因为，在清酒发酵过程中起最关键作用的酒曲是一种活的生物。控制不好的话，发酵就无法顺利进行。

我们建的"本藏"确实让酿酒的地方变大了，清酒的产量也增加了，不过，"獭祭"发酵时我们采用的还是3000升和5000升的小酒窖，即便是在地方的清酒行业

12 层的"本藏"。其前方的建筑物其实是一所小学。

"獭祭"的酿酒流程

1. 洗米

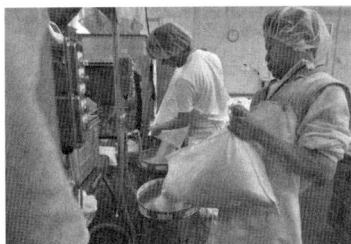

精碾后运进酒厂的米,因为历经了最长144小时的碾磨,摩擦产生的热量让米的水分流失非常严重。为了把洗米后的米粒含水量变动率控制在0.3%以下,旭酒造全部采用人工手洗的方式来洗米。如果用机器来洗的话,只需要五分之一的人工和六分之一的时间。但是,洗米机无法将水分控制得那么精准,所以我们还是选择了人工手洗。

2. 蒸米

为了让蒸好的米长时间维持稳定的发酵状态,必须做到外硬内软。因此,传统的日式蒸锅技术尤为重要。

3. 制曲

酒曲负责在发酵过程中持续地为酵母菌提供葡萄糖并控制发酵速度。因为机器无法感受到人通过感官所把握的信息,为了制作出最好的酒曲,必须依靠人工。用来酿造"獭祭"的酒曲,都是依靠手工制作而成的。在两个半昼夜不间断的制曲过程中,白天有十几名、晚上有六名操作员轮流工作。

4. 发酵

长时间低温发酵。将发酵温度维持在5.5℃这一接近酵母菌生存的极限温度，在最长50天的发酵过程中，将温度的变化控制在0.1℃的范围内。因为机器控温无法达到这样的精确度，旭酒造就通过自然发酵加人工搅拌的方式来控制温度。虽然这样精确地控制发酵温度成本很高，但这是酿造出美酒不可或缺的一点。

5. 上槽

旭酒造引进了日本第一台商用离心分离机，在不加压的状态下将酒分离出来，这能让纯米大吟酿原本的香味完整地呈现出来。

6. 装瓶

好不容易酿造出了好酒，如果在装瓶这一环节稍有不慎就会功亏一篑。上槽榨出来的酒，在经过储存后自然而然会变得更加甘甜，可以不经过活性炭过滤直接装瓶。旭酒造采用低温装瓶技术，将酒在冷却的状态下装瓶后升温至65℃，然后冷却到20℃，这样既不会造成酒的香味流失，又可以防止变质。

中，这也算是很小的。因此，我们的员工完全可以把控好酒的味道和品质。

由于"本藏"的建成，旭酒造的最大清酒产量提高到了原来的 3 倍。这也让很多人对我们产生了误解。其实，虽然酒厂的规模和酒的产量都变大了，但我们每一个酿酒步骤还是一如既往地精益求精，这一点自始至终没有变过。

经验能保证酒的质量吗？

"獭祭"最大的特点是"四季酿造"（全年酿造）。由于温度管理是酿酒中一个非常重要的环节，因此日本传统上主要在冬季酿酒。一说到酿酒，我想很多人的脑海里都会浮现出杜氏在寒冷的冬季一边呼着热气，一边辛勤劳作的场景。

然而，酿造"獭祭"的"本藏"却可以在全年维持相同的酿酒环境。例如，进行发酵工序的发酵室，一年 365 天 24 小时都能保持 5℃的恒温。因此，这里具备了春夏秋冬无论哪个季节都能酿酒的环境。在制作酒曲的房间上方，布满了空调管道，这都是为了精确地进行温度管理。发酵室里的各个酒窖也都用包垫子或者盖上隔热罩的方式，保持适宜的温度。从这一点说，我们的酿酒方式也和过去很接近。在这样的环境里，一年到头都在酿酒，将会怎么样呢？

这样一来，旭酒造全年都能开工，一点儿都不逊色于优秀的杜氏酿造的纯米大吟酿。正因为知道杜氏的"经验和直觉"是多么不可靠，我们才选择了根据数据酿酒的方式。而以前的酒厂都认为"经验和直觉"最重要。当然，我们不完全否定在酿酒的过程中，良好的"经验和直觉"是十分重要的因素。也正因为如此，杜氏才有其存在的价值。

然而，要成为拥有优秀的"经验和直觉"的杜氏，也不是那么简单的事情。因为一般的酒厂只能在冬季酿造日本清酒，所以即使是在酿酒行业持续干了20年的杜氏，每年也只有1次酿酒的机会。而每年酿酒所使用的大米的性状以及当年的气候都不尽相同，要想成为能够真正发挥"经验和直觉"优势的杜氏是非常难的，这需要付出很大的努力。

即使打着"手工酿造"的牌子，不好喝的酒也没有价值

在"本藏"的发酵房里，整齐地排列着大约 400 个容量在 3000 ~ 5000 升的窖池。这里一年能发酵 1700 多个窖池，这相当于一般杜氏一生的酿酒量。

也就是说，酿造"獭祭"的员工们在一年内积累的经验值，比得上一般杜氏一生的积累。

无论什么样的工作都是如此，"经验"的多少往往决定了工作质量的好坏。

虽然人们都看重杜氏的酿酒经验，但杜氏每年只能在冬季酿一次酒，也就是说，他们一年只有一次积累经验的机会。然而，酿造"獭祭"的员工，全年都可以通过酿酒来积累经验。相比之下，哪种"经验"更值得我们信任，就不言而喻了。

"经验"不能单单依靠从事该职业的时间长短来衡量，它也有良莠之分。

酿造"獭祭"的员工平均年龄是 28.1 岁，与一般酒厂聘用的 20 世纪六七十年代出生的酿酒师相比，他们是非常年轻的。但尽管员工的年纪不大，却能酿造出"獭

祭"这样的美酒，靠的就是一年四季酿酒积累的经验以及可以反复试错并改进的机会。

人们也许会觉得，采用杜氏的传统方法手工酿造出来的酒更加珍贵，至于传统的手工酿造酒好不好喝，则是另外一回事。其实，最重要的，不是非得采用传统的手工方法来酿酒，而是酿造出美酒。如果拘泥于"传统"的话，就不能创造出最优质的产品和服务了。

将"经验和直觉"可视化

酿造清酒也是有规可循的。只要参考酿酒专家们制作的酿酒指导手册，就可以酿出具有一定品质的酒。

当决定不再依赖杜氏而是依靠员工酿酒后，我便开始着手制作这样的酿酒指导手册。对着这份用 A4 纸打印而成的总共 20 页的酿酒指导手册，也许大家会质疑："整个酿酒的流程只需要 20 张 A4 纸就能描述清楚吗？"当然，酿酒指导手册上记载的，仅仅是最低限度的酿酒诀窍，是基础中的基础而已。

重要的是，如何让员工在酿酒的过程中，再现指导手册上的数据。当我们决定开始自力更生酿酒的时候，就对每一个酿酒工序彻底地进行了数据化管理。我与之前没有太多酿酒经验的 4 名员工一起，把发酵等所有酿酒工序中需要的数据，做成了图表并不断地对其进行分析和总结。

例如，在发酵的过程中，控制米和酒曲混合物的糖化并维持发酵的平衡是非常重要的。为了探索达到理想发酵状态所需的温度、加水的时机等，我们连日收集数据来探索最佳的平衡。

现在，这种方法没有改变。在"本藏"酿酒的过程中，我们积累了大量的数据。"本藏"的一楼设有分析室，专门收集和分析酿酒所需的所有数据。在这里，我们对各个酿酒工序所需的温度、湿度、酒精度等各种各样的数据，实施统一管理。

当我们把前来参观的客人领到分析室时，大家无不惊叹："与其说这里是酒厂，不如说是研究室。"在与旭酒造规模相当的酒厂中，大概没有像我们这样彻底实施酿酒数据管理的吧。

将数据化管理置于酿酒师的"经验与直觉"之上

我们建立这样的分析室是有其原因的。旭酒造正是通过积累酿酒过程中的数据，摆脱了对杜氏"经验和直觉"

发酵过程的温度控制需要精确到 0.1℃。

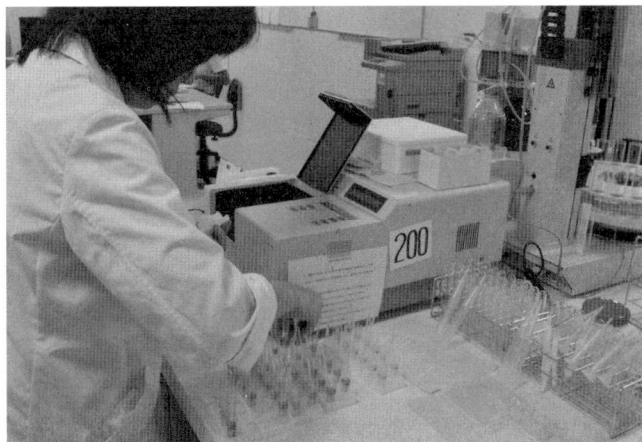

在分析室中，工作人员正在收集和分析各个酿酒工序中的温度、湿度等
数据。

的依赖。

例如，在"本藏"的发酵楼层，排列着许多传统规格的小酒窖。为什么在这么宽敞的"本藏"中，我们却没有采用特大号的酒窖呢？

由于要收集酿酒数据，所以我们采用的是小号窖池。如果采用大窖池的话，就很难获得准确的酿酒数据了。而且，小窖池更有利于我们机动灵活地对酒的品质加以改善，从而酿造出品质更好的酒。

我们每天都会测量和管理窖池中的发酵温度和酒精度数，以便时刻调整到理想的发酵状态。

不过，即使酿酒室的温度都设定为 5℃，由于季节的不同，每一天的气温和湿度也有着微小的差别，让酒产生微妙的变化。而作为酿酒原料的大米，在不同的培育环境下生长，其成分也会有微妙的差异。所以，我们一般都是根据当天的数据测量结果，来重新调整第二天的酿酒管理方法。即使与前一天相比相关数据只是稍有不同，我们也不会忽略这一微小的差别。

其他的工序也是如此，我们以酿酒数据为基础不断地进行着改良。用来酿酒的米蒸好后被运到酒曲室，在这里，由操作员在蒸好的米上撒上酒曲菌，这是重要的酿酒工序之一。这道工序虽然是通过操作员来手工进行，但是在不锈钢操作台下装有测定米的干燥程度等相关数据的机器装置。在这一酿酒工序中，体现的仍然是不依赖于"经验和直觉"的理念。

以前，杜氏都是按照自己的"经验和直觉"来完成酿酒的所有工序。而现在，大数据让酿酒师的"经验和直觉"实现了"可视化"，20~30岁的年轻人也能够酿造出高品质的清酒了。

正是意识到了"经验和直觉"在关键时刻有可能掉链子，旭酒造把原来一部分人专有的"经验和直觉"转变成了"可视化"的数据，从而开辟出一片新的天地。

制曲工序是在能够监测数据的操作台上进行的

什么才是"好东西"?

我从父亲手里接过了销售低迷的酒厂后,满脑子想的都是,只要有销量,什么类型的酒我们都可以尝试酿造。在这种理念的指导下,我们生产出了五花八门的酒,但都没能让销量大幅提升。

30多年前我刚接手旭酒造的时候,每家酒厂的销售额都呈现出增长停滞的态势,日本清酒的市场规模也在不断缩小。我们的酒产量也在下降,当地的酒厂之间每天都上演着顾客争夺战。

当时,一般的日本清酒几乎没有什么特色,所以,必须在价格上打折扣才能销售出去。也就是说,那是一个资本发挥重要作用的时代。

如果我们当时不去创新,而是同样陷入价格战的话,很有可能早就倒闭了。因此,我们不得不拼尽全力,想办法开发新的产品来提高销售额。只要是发现"看起来销量会不错"的清酒，我们就会毫不犹豫地跟风生产。

作为打开销路的方案之一，我们尝试过开发盒装清酒。果然，刚开始发售时，销售额与前一年相比回升到了 101%，但那对于在 10 年间销售额已经下降到原来的三分之一的旭酒造来说，可谓是杯水车薪。所以，老实说，当时即使销量有所回升，仍不能让我们高枕无忧。

结果不出所料，盒装清酒的销量不久后就下滑了。这是因为，刚开始本地的酒厂还没有生产同样的商品，所以我们的清酒销量还不错。等到其他酒厂也纷纷效仿，生产出同样的盒装清酒后，我们的销量马上就下降了。

经过这番沉浮，我深切地感受到：如果我们酿造的清酒轻易就能效仿的话，销售额就没法实现长期稳定的增长。

獭祭，诞生

在接管公司后不断试错的过程中，我注意到从父亲时代开始每年都要酿造 1000 瓶左右的纯米酒。这款产品就算客套地说也实在算不上好喝，每年都会卖剩下不少。

不添加任何食用酒精的纯米酒，有着天然的浓醇酒香。在当时的技术条件下，酿造出美味的纯米酒并不是一件容易的事。

当时，宫城县的"浦霞""一藏"等品牌的纯米酒，正在一点一点地聚集着人气。我当时就开始思考，如果能酿造出比纯米酒更高品质的纯米大吟酿，说不定会畅销。这就是我们开始酿造纯米大吟酿的契机。

在此后的一两年，我们渐渐地酿出了很有口感的美酒，但在当地还是"不受待见"。在当时，本地销售额占了我们销售总额的大部分。我们带着酿造出的纯米大吟酿去当地的酒馆推销，结果受到冷遇，总是被酒馆找各种理由拒绝："不打折我们就不买"，"纯米大吟酿包装不够豪华"，没法上架等。

当时我就想："我要用纯米大吟酿来突破困境，决不打折。"

我在接管酒厂之后，曾有一段时间专注打造"旭富士"这个品牌，纯米大吟酿也曾冠以"旭富士"的牌子出售。但在当时，连年的销量低迷已经让"旭富士"这块牌子在我们当地沦为了"失败者"的代名词。如果仍以"旭富士"命名，带着这个历史包袱进入东京市场的话，无论我们酿造出多么好的美酒，也改变不了人们先入为主的观念。

为了顺利进入东京市场，我们采取的战略是给"旭富士"更名。

1990 年刚开始在东京发售纯米大吟酿时，我们就将迄今为止的"旭富士"更换成了新的品牌——"獭祭"。

这是在我反复斟酌之后灵感一现，突然想起来的名字。可是，当"獭祭"这个词浮现在我的脑海中时，我却一时想不起来那是什么意思。于是，只好去请教了我们当地图书馆的馆长。

"獭"是水獭的意思，也和公司本部所在地"獭越"这个地名重合。

此外，馆长还告诉我："獭祭书屋主人"是俳句诗人正冈子规的别号。而我恰好曾在正冈子规生活过的爱媛县松山市住过一段时间，从这一点上说，也颇有亲切感。

当我决定将新品牌命名为"獭祭"的时候，得到的评价却褒贬不一。有人说这是一个好名字，也有人极力反对："起一个生僻到不能让人立刻读出来的名字，真是太不像话了！""与日语的'老土'一词发音相似，让人怀疑你的品位。"

我发现，认为"獭祭"这个名字不好的人，都是从来没订购过我们产品的。所以，我也就没有太在意这些人的意见，下定决心启用了"獭祭"这个名字。

同时，我们也开始在酒的外观上下功夫。东京汇集了全日本的酒。不仅有清酒，还有葡萄酒、烧酒等各种各样的酒和我们抢占市场。从山口县这样的乡下酒窖酿出来的清酒，想要在东京市场上占有一席之地，不仅酒的口感要好，包装、标签等外观也必须讲究，不然很快就会被市场淘汰。

在酒的包装和标签上，我们尽量设计得简洁大方，避免过于华丽或土气。

我们参考了当时备受瞩目的"无印良品"的商标设计风格，简单却很有存在感，按照那种设计思路进行了外观的重新包装。

"精米度 23%"——刷新清酒界的"常识"

进入东京市场的第一年，我们卖出了精米度分别为50%和45%的纯米大吟酿。第二年卖出了精米度23%的纯米大吟酿，这就是现在的"獭祭 二割三分"。

众所周知，日本清酒是用大米酿造的。用来酿酒的大米的表层部分，因为含有蛋白质的脂质，会给酿出的酒带来杂味。所以，基本可以这么说，米碾磨掉的部分越多，用其酿出的酒杂味就越少，口感也就越好。

把大米的表层部分碾磨掉 50% 以上，用其酿造出的酒被称为纯米大吟酿，而进一步将大米碾磨掉 77% 后，酿造出的就是"獭祭"最高端的产品——被称为"獭祭二割三分"的纯米大吟酿。

当时，精米度 23% 是日本清酒的最高纪录。将酿酒的大米碾磨掉 77% 这一大胆的举措，一时成为业界的热门话题，连媒体也争相报道。乘着这股东风，"獭祭"在东京的销售额不断地攀升。

但是，我们也遭受到了业界的批评。因为精米度在 50% 以下的都能被称为纯米大吟酿，不管精米度是 45% 也好，是 40% 也好，是 30% 也好，都可以算作是日本清酒的纯米大吟酿。另外，只要把大米碾磨掉 50% 以上，用其酿出的酒品质也不会有太大的差别，这是当时日本酒的业界"常识"。甚至专家们也经常把"獭祭"当作异类来看待。

但是，用来酿酒的大米不可能都一样。有的米芯部分更美味，也有的米并非如此。碾磨掉更多部分的话，大米的质量确实会得到提升。

当时我也并不知道这些道理，只是一心想着追求话题性，便毫不犹豫地把精米度提到了 23%。事实证明，精米度 50% 的酒和精米度 23% 的酒，在风味和口感上截然不同。大家只要品尝一下"獭祭"的这两款酒，即能明显地区分出来。结果，大家"纸上谈兵"讨论出来的理论，被我这个追赶着热门话题看似"冒失"的人用实践给推翻了。

就这样，伴随着人们不断高涨的追求美酒的热情，"獭祭"占据了日本清酒销售市场的大半江山。2001 年，我们停止了酿造面向本地供货的"旭富士"，开始全心全意地专注于酿造纯米大吟酿——"獭祭"。

只有质量好的品牌才能活到最后

要达到 23% 的精米度，需要花费 75～80 个小时。"獭祭"就是如此不吝投入时间成本和人力成本才酿造出来的美酒。之所以如此拘泥于酒的品质，是因为我们坚信"好的产品才有好的销量"。

而让我真正体会到"好的产品才有好的销量"这句话的含义的，是一件很久以前的事。曾经，我和父母吵架后赌气离开了旭酒造，成立了自己的石材销售公司。妻子的亲戚问我："需不需要帮着销售石材？"

当时，濑户内海的岛屿上盛产御影石，可以卖到很高的价格，单价和大理石齐平。我想卖这个肯定能赚钱，于是成立了公司，开始销售墓石以及工程建设用的石材。每年的销售额都会递增20%～30%。

这时，我深切地感受到质量的重要性。我和顾客一起去采石场选购石材，高质量的石材马上就会被订走，但那些质量不好的石材，即使降价也很难卖出去。

质量好的东西销量好——这是我从石材销售的工作中学到的生意经。

正是因为有了这样的亲身经历，我回到旭酒造酿酒的时候，并不认同当时"不关注口感和质量"的日本清酒酿造方法和销售方式。

当然，虽说好东西也未必能畅销，但只要改善经营和销售方式，完全有可能打造出深受顾客青睐的商品和服务。与此相反，不好的东西，无论过多久也不会受到顾客的欢迎。

酿酒指导手册之外的"2%"决定一切

酿酒失败是常有的事。无论是谁都有出现失误的时候。正因如此，我们建立了一套弥补失误的纠错机制。

我一直对一起酿酒的员工们这样说："不要用大和精神酿酒。"

即便用努力和毅力酿酒，失误也在所难免，而且酿造出来的清酒未必更好喝。与此相比，更重要的是，基于大数据制作一本让 20 岁左右的年轻人也能酿酒的指导手册。

在旭酒造，酿酒没有秘诀。我们不断地用数据去探究和解析"这样酿出来的酒口感会更好"。

另一方面，当然也有仅通过酿酒指导手册解决不了问题。

也许旭酒造给人们的印象是：操作员工在一个不像传统酒厂的、巨大的高楼建筑中，一边管理着数据一边酿酒。大概是受到这样先入为主印象的误导，很多人认为，旭酒造只是依靠计算机酿酒，其实那都是对我们的误解。

确实，为了掌握酒曲的状态等，我们使用了最先进的测量仪器来收集相关的数据。

例如，我们每天会测量酒窖中发酵的酒精度数和氨基酸的含量等，将其制作成图表来积累数据。然而，并不是说只要精心地收集了这些数据，就能理所当然地酿出好酒。

我们以前也曾试着用计算机和传感器，来管理和控制酒窖中的温度。

但是，结果却不理想。酵母是一种微生物，发酵过程中经常会发生意料之外的变化。而且，不同产地的大米其品质也不尽相同。这些由各种不确定性而产生的微妙的温度变化，就算是最先进的计算机和传感器都无法一一处理好。

因此，即便是现在，很多温度管理工作也是依靠人工进行的。操作员工每天早上从酒窖里采样，然后进行成分分析。

在酵母菌能够生存的极限低温下慢慢地发酵，酿出的酒更加细腻，也更加芳香浓醇。酵母菌是一种微生物，就算是并排相邻的酒窖，其温度变化的时机和程度也不相同。

为此，操作员必须经常检查温度，必要时还要对酒窖进行搅拌，通过与5℃恒温的室内冷空气混合，将酒窖中的温度变化精确控制在0.1℃。

听起来旭酒造像是通过计算机来酿酒，但实际上，比起一般的酒窖，我们需要投入更多的人力。正是经过了这一系列复杂的工序，才诞生出"獭祭"。

在我看来，酿酒的各个工序中，依靠酿酒指导手册中的数据进行的操作最多占98%，剩下的2%依靠的则是超越了酿酒手册的人的智慧和思考能力。

我认为，想要酿造出美酒，最重要的就是这个2%。

酿酒指导手册"完全公开出来也没有关系"

经常有参观者来旭酒造，其中也有我们的同行。我们并不会隐藏什么，而是带他们尽情地参观"本藏"。

一般来说，发酵中的温度变化等内容不对外公开是业界常识。不过，我们连这个也对外公开。很多人非常吃惊地感叹道："全都公开也没关系吗？技术会被偷学走哦。"

但是，对于我们来说，公开酿酒数据是完全没问题的。

因为，即使别的酒厂100%按照我们的酿酒指导手册去做，也酿不出"獭祭"。

别的酒厂就算再费力地去模仿，最多也只能达到70%~80%的相似度。即使完全复制我们的设备和指导手册中的做法，所能达到的最高的相似度也只有98%吧。

因为剩下的那2%，不依靠自己的头脑思考、不亲自实践是做不到的。我们每天也在为这2%而奋斗，不断地进行改善，即使有一天，我们的酿酒方法完全被别的酒厂复制，我们也有信心通过这2%的差别在市场上胜出。

不惧怕失败，反复实践，每天都为酿出更好的美酒而努力，这样坚持不懈努力创造出来的就是——"獭祭"。

酿造"獭祭"的诀窍就在于，依靠数据和人的持续改进。所以，我们不会那么轻易地被模仿。如果万一被模仿超越了的话，那只能说明我们原来的那一套方法，本身就不是最好的，也就没有保留的价值了。

"任何时候都好喝"是我们的最高追求

"獭祭"有一段时间产量赶不上客户的需求，出现了暂时缺货的现象，给客户带来了不必要的麻烦。不能及时地把酿造的产品送到想喝"獭祭"的客户手中，我觉得没有比这更让人难受的了。

在"本藏"建成后，酒的产量增加了，也就再也没有出现过"獭祭"断货的情况了。

另一方面，我们也常常听到这样的批判："旭酒造酿那么多'獭祭'，只是为了赚钱罢了。"

但我们只是想把大家都称赞的美酒"獭祭"送到客户的手中，希望大家能够在品尝之后感觉到幸福而已。我一直是抱着这样的想法在用心酿酒的。

有一次在采访中被问道："5 年后，你想做什么？"

我这样回答："5 年后，我会努力酿出比现在更好喝的'獭祭'，请大家品尝。"

这是我的真心话。就算 5 年后被问到同样的问题，我也会给出同样的回答。

我们认为，不仅要酿出最美的酒，还得思考如何将酿好的美酒送到顾客的手中。因为，无论是多好的酒，如果顾客品尝不到的话，也没有意义了。

在日本清酒行业，大家都在为了酿造美酒而拼命努力。但是，在如何将酿好的美酒送到顾客手中这一方面，却有所欠缺。

拿了"金奖"的酒却送不到顾客手中

"鉴评会"是日本清酒行业最大的活动之一。在对酒的味道和品质的评比中获胜的酒会被授予"金奖"。

我们经常能看到，有些日本清酒的商标上贴着"获得金奖"的标签。在鉴评会上获得极高的评价，也是各个酒厂的目标。

要想在鉴评会上获得好评，酒厂必须拿出品质最优的酒来。但是，这些展示在"鉴评会"上的酒，却不是批量生产的。因为要想获得金奖，必须花费大量的时间和精力精心酿造，而批量生产出来的酒与少量耗时耗力精心酿造出来的酒，在品质上大相径庭。

为了获得"金奖"，有些酒厂会从四五个 20 升的小酒窖中，精选出品质最好的酒，然后送到鉴评会上。这些酒要历经都道府县、地方、全国等各个阶段的选拔，好不容易最终在全国的鉴评会上获得了"金奖"，其实，那种获得"金奖"的酒，在酒厂的酒窖中已经所剩无几了。

有些酒厂仅仅是为了拿"金奖"而精心酿制了少量的酒。也就是说，真正获得了"金奖"的酒，顾客是无法品尝到的。虽然酒瓶上贴着"金奖"的标签，但实际上酒瓶中装的酒，品质根本就比不上获得了"金奖"的酒。

"獭祭"每年也会送酒到鉴评会上进行展评，但我们并不会为了拿鉴评会的"金奖"专门酿酒，而是从大的酒窖中取样，然后送到鉴评会展出。之所以有这样的自信，是因为我们平时就是以酿造出最高品质的清酒作为目标的。

顺便说一句，"獭祭"在鉴评会上没有获得过很高的评价。和那些为了获得鉴评会"金奖"而特别准备的酒相比，也许我们还是有一些差距吧。从这个意义上说，

"獭祭"还有可以改进的空间。

实际品尝到的酒就是最好的品质——这才是我们的最高目标。

不怕困难，勇于实践

清酒的品质也受到当年大米品质的影响。同时，如果气温等酿造条件发生变化的话，酒的发酵情况也会不一样。

日本清酒是通过发酵制成的酒，所以，要在任何时候都持续地酿造出高品质的产品，并不容易。即使是使用同样的大米，采用同样的方法（制作），每个酒窖不同，酿出的酒也滋味各异。

同时，日本清酒如果长期常温保存，酒质就会劣化。正因为知晓低温对保持"獭祭"的美味至关重要，所以我们只将"獭祭"出售给具有冷藏设备的商店和餐饮店。

顾客无论什么时候品尝"獭祭"都是一样的美味。不惧怕困难，勇于实践，这就是"獭祭"的优势所在。

　　无论酿造出多好的美酒，如果客人品尝不到，也就没有意义了。将最好的美酒在最佳的状态提供给顾客品尝，只有做到这一点，才能获得顾客的信赖。

"埋头苦干"的同时也得"抬头看路"

只要努力工作，总有一天会得到回报的。我想不少人都是抱着这样的想法，埋头于眼前的工作。

但是，有时只是"埋头苦干"是无济于事的。

作为酒厂社长的长子，我虽然知道自己将来要继承社长的位子，但还是想看看其他酒厂都是怎么酿酒的。所以就进入了以酿造"日本盛"而闻名的西宫酒造（这是当时的名称，现在的名称是日本盛株式会社），成了一名普通员工。我当时是西宫酒造群马县的销售部负责人。因为经济景气，我的销售业绩也不错。

在这家酒厂工作到 3 年半时，因为父亲患了胃癌，我回到了旭酒造。

父亲手术成功后，又回到了工作岗位。从那时起，我就预感到和父亲不能顺利愉快地相处。当时日本的清酒市场已经开始萎缩，但父亲并没有想要寻求改变。

"只要重视与进货方的人际关系，酒就会畅销。因此，认真地、踏踏实实地努力才是最好的。"这就是父亲当时的观念和立场。

我无法赞同父亲的方针，反驳道："这样下去是不行的。在东京，有的酒厂和我们的做法不一样。"父亲也比较固执，不认同我的想法，我们父子间的隔阂日益加深。在进入旭酒造 2 年后，我和父亲之间发生了一次大的争吵。最后，父亲激动地说："你不用再来公司了！"我也倔强地选择了辞职。我本来是作为接班人回来的，结果却离开了公司。

果不其然，到父亲去世为止，旭酒造的销售额一直在下降。

不管怎么努力地做到最好，如果努力的方向错了，也得不到想要的结果。

如果只是一味地努力推销产品，周旋于很多客户之间，恳请他们购买，可能在刚开始时酒的销量会有一定的提升。但是，如果一直采用这种策略，只专注于销售，而不注重客户所要求的品质的话，从长远来看，酒的销量必然会下滑，最后也难逃被客户抛弃的命运。

销售员本人可能非常努力，但是也难以挽回一直下降的销量。这种不注重顾客需求，不提高产品品质，只是努力推销的方式，其实是舍本逐末，并不可取。

我从父亲经营酒厂时开始，就经常面临相同的问题。当时，我们绞尽脑汁地想把自家酿造的清酒卖出去，结果还是没人买……我继承公司之后，甚至面临 10 年内销售额减少到了三分之一的危机。

这并不是因为公司的工作人员偷懒，与此相反，我们都在拼命地酿酒，拼命地卖酒。

就像我前文中所说的那样，我们会把酿造好的日本清酒装在纸盒里作为新商品出售，在销售策略上费尽了心思。然而，如此地费尽全力，也只能勉强维持现状，销售额越来越不理想，最终整个公司都濒临破产。现在回想起来，当时的我们，只是一味地在努力做着无用功。

也就是说，我们只是拼命将不符合市场需求的商品委托给卖不出去的渠道，去寻找客户。当时，我们并没有注意到这样的策略其实是大错特错的。

机器也有无能为力的领域

当然，这并不是说，现在旭酒造的工作人员不努力，而是我们调整了努力的方向，为了酿造出畅销的清酒而做着"正确的努力"。

也许，"獭祭"的酿酒过程给人们留下的印象是全部通过机器进行自动化控制。其实，很多工序是必须由人工来完成的。

举个例子，精碾过的米在"沉睡"1个月后，才能进入洗米的工序。虽然一天需要洗的米重达8吨左右，但米中的水分含量在很大程度上决定了清酒的质量，所以，洗米这道工序我们尽量采取少量多次的方法，不用机器，而是全部人工手洗。这就需要投入大量的人工，这样做绝不是因为想要营造出"手工制作"的感觉，而是因为要将大米的水分含量差别精确控制在0.1%～0.2%的范围内，机器是做不到的。

如果水分含量过多的话，则大米的表面水分就多，酒曲中的菌落就会附着在那里。与此相反，如果水分含量控制得当，大米表面的水分就较少，菌落就能顺利地进入大米并在内部好好地繁殖。即使大米的水分含量仅有0.1%的差别，酿出的清酒品质也会产生很大的不同。

所以，在洗米工序中，必须以 0.1% 为单位对大米的水分进行管控。但是如果使用机器来洗米的话，就会产生 1%~2% 的误差。正因如此，我们才拘泥于人工洗米的方式。

在只有 5℃的低温室内，快速吸水会让大米裂开，为了让大米慢慢地吸收水分，我们用的是冷却到 2℃的水。所以，员工们在低温洗米的过程中，会有手被冻僵的感觉。

人工洗米非常耗时耗力。一般来说，在清酒行业，只有拿到鉴评会上去供专家们品鉴的酒才会采用人工洗米的方式。像我们这样，所有酿酒的大米全都人工手洗的，确实比较罕见。大部分酒厂都是使用机器来洗米。

既然，人工洗米这么慢又耗费人力物力，我们为什么还是执着于这种方式呢？

答案其实很简单。因为我们想酿出好酒。只要能酿造出品质好的清酒，我们不惜耗费巨大的人力和物力成本。不管是费钱也好，费力也罢，为了酿出好酒我们都会不遗余力。与此相反，如果只是图省钱省事的话，我们肯定酿不出品质优良的美酒来。

只会"埋头苦干"酿不出最好的美酒

　　要酿出好酒，高质量的酿酒原料和优秀的工作人员是不可或缺的。酿酒的原料，我们用的是酿酒专用的最高级大米——山田锦。当然，其价格自然也比一般的米要贵。

　　"獭祭"的"二割三分"纯米大吟酿是将山田锦米碾磨掉77%后，仅使用剩下的23%的部分酿造而成。采用碾磨掉50%的米酿出的酒，就可以称为纯米大吟酿，而将米磨掉77%后再酿酒，可以说是不合常识的。有的酒厂说："我们酒厂就算不磨掉那么多，凭着杜氏高超的酿酒技术也能酿出好喝的纯米大吟酿。"但是，"獭祭"没有杜氏，我们是和外行人一起酿酒的，所以，为了酿出好酒我们就要想尽一切办法。

　　截止到2017年，我们共有120名员工参与到了"獭祭"的酿造过程中。从人数上来看，这大约是同规模的其他酒厂的2倍。想要酿造出真正的好酒，必须花那么多的人力。即使用了价格昂贵的"山田锦米"，如果没有好的员工，也酿不出最好的美酒。同样，即使聚集了优秀的员工，如果原料不是"山田锦米"的话，也无法再现"獭祭"的风味。

使用"山田锦米"这种最高级的酿酒原料，花费比一般酒厂多一倍的人力，道理虽然很简单，但这就是我们酿造出好酒的秘诀。

并不是只要"埋头苦干"，拼命地努力，就一定能酿出好酒。

努力也分"必须做的努力"和"无用的努力"。要把这两种"努力"严格地区分开来，"无用的努力"就不做，"必须做的努力"就全力以赴地去做。只有这样，才能创造出高品质的产品和服务。

那么，今后我们是否要一直坚持人工洗米的方式呢？其实，也不一定。如果开发出了能够以 0.1% 为单位来控制大米水分含量的机器的话，我希望马上导入机械控制的自动化洗米方式。采用人工洗米，就是为了精确地控制大米的水分含量，从而酿造出好酒。如果思想禁锢于"这是我们的传统"而一直拘泥于人工洗米，其实也是本末倒置，是不可取的。

"机会主义"促生最好的产品

在被黑暗笼罩的黎明前，杜氏等酿酒师们在寒冷的酒窖旁，一边呼出白色的热气一边忙碌着，这也许就是大家对酿酒场景的印象吧。

在传统的酒窖，杜氏都是从隆冬的清晨五六点钟开始工作，而且每完成一桶，就需要花费整整一天的时间（一日法），有的甚至需要花费两天的时间（两日法）。这就是杜氏的日常工作。

旭酒造刚开始与员工一起酿酒时，因为卖不出去的库存酒有很多，所以，我们保持着每周一桶的节奏。员工的工作时间是从 8 点半到 17 点半，与普通公司职员的上下班时间差不多。

以这样的慢节奏酿酒，在酿酒的过程中出现问题时，我们有时间和精力来分析问题产生的原因，并且能够制定出改良方案，在下一周进行调整。

如果采用一般酒厂的"一日法或两日法",万一出现了问题,因为日程已经固定下来,就没有时间查明原因并做出改善,结果只能以"不佳"的状态流入下一道工序。

我们所采用的酿酒方法不能大量生产,也不是由杜氏在黎明前呼着热气去操作,所以画面感并不强。

不过,因为有时间发现并随时解决问题,所以酿出的酒质量确实提升了很多。一边验证结果,一边做出改善。也就是说,我们采用的是 P(计划)→ D(实行)→ C(评价)→ A(改善) 的酿酒法。这与传统的酿造方法相比,无疑是更加合理的。

现在的"本藏"也在沿用这套 PDCA 酿酒法。

用 PDCA 酿酒法实现量产

一年365天旭酒造都在酿酒,真可谓是"四季酿酒"了。

因为与传统的酿酒方式大相径庭,我们也受到了清酒业界的批判:什么"四季酿酒"?"獭祭"只会是昙花一现。这也说明，"因循守旧，认为只有在冬季酿出的酒才是美酒"的观念，还是根深蒂固的。

但是，我却要强调，只有"四季酿酒"才能为顾客奉上最好喝的酒。

如果一年中只在冬天酿酒的话，很难酿出品质稳定的酒。大米的质量以及气温等气象条件不同，酒的味道也会发生变化。如果只在冬天才能酿酒的话，很难同时集齐所有的条件，因此酿出来的酒，要么不够味道，要么就太"老"了。

不少人认为，酿造品质优良的酒是专业杜氏的工作。但因为是人工操作，所以未必能够保证每次酿出的酒都是最好的。当然，即使杜氏酿出来的酒不尽如人意，酒厂也不会把辛辛苦苦酿出的酒倒掉，只能售卖出去，最终端上顾客的酒桌。

另外，如果酿酒时间仅限于冬天的话，则必须在大约一年半前就制定出"酿造多少酒"的计划。但是，要准确地预测一年半后的清酒需求量并不简单。所以，经常会出现酿多了滞销、酿少了断货的情况。

另一方面，如果是"四季酿酒"的话，因为1年365天都在酿酒，可以保证酒的质量稳定。而且，如果前一道工序出现失误，也可以及时纠正并马上反馈到下一道酿酒工序中，立即做出改善。也就是说，可以进行"机会主义生产"。

另外，如前文所述，在我们公司的"本藏"一楼，设有收集、分析酿酒工序中所有数据的分析室。分析室管理着温度、湿度、酒精度数等各种各样的数据。由于每天都进行这样的数据采集和分析，一旦数值出现异常，我们就能马上采取相应的措施，这是保障"獭祭"品质的关键。因此，即使不在同一个酒窖里发酵，酿出来的清酒味道和品质也不会出现太大的差别。

只能一次定胜负的冬季酿酒，和可以随时改进的四季常年酿酒，哪个更能酿出好酒来？答案显而易见。

不让顾客认为"物超所值"，酒就卖不出去

顾客如果不觉得商品价格便宜、物超所值的话，是绝对不会购买的。所以，只有让顾客觉得"这么好的品质，才卖这个价格，很便宜"时，才能让顾客心甘情愿地掏钱购买。

在超市和酒吧里销售的"獭祭"，价格是我们出厂价的3~4倍。当然，我们也想尽量改善这种情况，让顾客以更低的价格品尝到"獭祭"的美味。不过，这也从一个方面证明，消费者非常认可"獭祭"的价值。以出厂价3~4倍的价格售卖，仍然能够畅销，说明在顾客心中"獭祭"的价值是非常高的。

总之，要想让顾客觉得"物超所值"，我们必须不断地磨炼产品的品质。虽然现阶段能做的都已经尽力去做了，但在酿酒的过程中，我们还是经常会有"那里还可以再改进一下""这里还可以做得更好"的想法。在同一个地方停滞不前从来都不是我们的选项。

在酿酒过程中时常改进，为顾客提供最高品质的清酒，我们深刻地认识到，如果不是以这样的态度酿酒，"獭祭"就会逐渐失去顾客的信任。

无论是哪个行业，都要通过不断践行PDCA来提高品质。这样，才能在每天的PDCA延长线上，创造出让顾客感动的商品和服务。

超越极限，遇见未来

如果只看"獭祭"现在的销售额，大家也许会觉得，"獭祭"一上场就完成了一个漂亮的本垒打。

但是，我们的感觉却完全不同。现在回想起来，"獭祭"是瞄准了热点而诞生的一款产品。我们曾费尽全力才跑到一垒，通过一个又一个小的积累，才最终走到了今天。

"獭祭"也并不是从一开始就拥有现在这样的高品质，而是我们在"追求更美味的酒"这一宗旨的指引下，不断改良后的成果。

并不是说精米度越低，酿出的酒就越好喝。我们最初酿造"二割三分"的清酒时，确实一度成为热门话题，不过一开始酿出的酒的味道，却与想象中的美味程度有差距。虽然"二割三分"的清酒很有个性，但味道却还有提升的空间。确实，用于酿酒的大米越是碾磨得精细，酿出的清酒越有味道，但是光靠碾磨是不行的。碾磨大米是酿出美酒的必要条件，但不是充分条件，最重要的是必须不断改进酿酒方法。

举个例子，旭酒造会将那些因碾磨时摩擦生热而丢失了水分的大米，放入自主研发的特殊存储袋里，进行统一管理。因为在高温的状态下，如果有水分渗入到米里，大米就会产生裂缝。所以，碾磨得再好的大米，如果不精细妥善地处理，也酿不出好酒。

5 年后、10 年后也不会变的愿景

"獭祭"一直在为酿出更美味的清酒而不断地努力改进着。我们的愿望就是，今天酿出的清酒要比昨天酿出的好。只要日积月累、不断提高酒的品质和酿酒的水平，就能培育出让顾客青睐的产品。

"樱井先生的愿望是什么？"我经常被问类似的问题。我每次总是这样回答："希望能让顾客品尝到比现在更美味的'獭祭'。"

　　这是无论今天、明天还是后天，都不会改变的理想和目标。无论是 5 年后，还是 10 年后，我的回答都是同样的。

　　对于期待听到更加华丽的梦想的人们来说，这也许是个过于朴素的回答，但我非常真切地认为，只有在"酿造出比现在更好的酒"的前提下，我们才能有未来的发展。

把酿造部门的主管调到销售部门

　　为提高"獭祭"的品质而付出努力的，不仅仅是酿造部门，销售部门的工作人员也在为"酿出比现在更加美味的清酒"而不断贡献出智慧和力量。

　　与顾客接触得最多的是销售人员，他们更加了解客户的需求。而酿造部门的职员大多只专注于眼前的工作，即使一直在为酿造出更好的清酒而拼命努力，有时也会偏离客户的需求。

　　正因如此，我们总是希望销售部门的一线员工带来更多可以让"獭祭"变得更好的信息。

由于"獭祭"强大的品牌影响力,旭酒造一直保持着比较特殊的销售方式:"即使不推销,也能畅销"的状态。正因如此,我们的销售理念也与众不同:不是"到处去推销",而是"提升酒的品质,酿出比现在更美味的酒"。

前些日子,我把2名在酿造部门工作了10年以上的主管,调到了东京的销售部门。

如果长期只酿酒的话,视野就会变得狭窄,经常会把"太费钱""没有相关的技术支持"等因素,凌驾于"酿出更美味的酒"之上。针对这一情况,我们制定了将销售和顾客的视点导入酿造部门的机制。

虽然对于酿造部门的主管们来说,调到销售部门的命令无疑是晴天霹雳,但为了让"獭祭"变得更美味,这也是必由之路。

相信自己的"美味"

"美味"这种感觉是非常主观的。有人认为"獭祭"很美味，也有人不这么认为。这是因为，每个人的判断基准都不相同。

正因如此，下面的两点就显得尤为重要。

一是，创造自己内心觉得"美味"的酒。

二是，把"顾客品味后感到幸福"作为判断标准。

只酿造好酿的酒，是绝对不行的。如果一家酒厂只酿造自己"驾轻就熟、轻松酿造"的酒，就会遭到市场的反击。所以，追求真正美味的酒才是关键。

第二章

征战商场的
管理者的
『口头禅』

行业的危机中也暗藏着机遇

我继任旭酒造的社长已经 30 多年了，在此期间，旭酒造的销售额大约增长了 100 倍。虽然我自己觉得，花了 30 年的时间才把销售额提升 100 倍，也没有什么了不起的，不过，在作为夕阳产业的日本清酒行业中取得这样的成绩，意义就不一样了。

在过去的 40 年间，日本清酒的市场规模已经缩小到了原来的三分之一。而在这样不利的外部环境中，旭酒造完成了"V"字形复兴。

一路走来却是披荆斩棘、历经坎坷。在我父亲任社长的鼎盛时期，旭酒造的销售额曾达到了 20 万瓶（一升装）。我继任社长时，销售额已经下降到了鼎盛时期的三分之一左右。在山口县东部的清酒市场中，"旭富士"完全处于劣势。

把本来就不畅销的酒，再拿到销路不好的经销商那里。我们就这样勉力维持了一段时间。正因为在日益缩小的市场中处于劣势，我们才充满了"不跳出来就无法生存"的危机感。

反正都要面临倒闭，不如干脆在最大的市场上决一胜负。

就这样，我们开始积极地为进入东京市场做准备。现在回想起来，如果当时我们在本地市场中处于优势地位的话，很可能就不会破釜沉舟地去开拓东京市场，当然，也就不会有现在的"獭祭"了。

打不开本地市场，只好去闯东京⋯⋯

我当社长的时候，旭酒造的销售额是 9700 万日元，在岩国市排名第四。

本来，日本清酒行业的市场就在不断地萎缩。如果在当地无法成为市场排名第一的小型酿酒公司，那么要在人口仅万余人的地方城市生存下去并不容易。以旭酒造为中心，半径 5 公里以内的人口大约 300 人，酒窖所在的村庄总共也就 30 人左右。而村里的孩子们就学的周北小学，全校只有 8 名儿童。可见，当地的人口数量已经变得很少了。

在这样的大环境下，如果还是局限于本地市场的话，早晚都摆脱不了失败破产的困境。正因如此，我们也只好豁出去拼一把了。

如果在人口稀少的地方销量上不去，那就只能抢占购买力更大的市场了。于是，我们决定去东京推广"獭祭"。

当然，我们也听到了一些反对的声音，例如"抛弃老家的市场去东京发展，真是太不像话了"等。但是，除此之外我们别无选择。

缩小到了七分之一的和服市场

市场规模不断缩小的不仅仅是清酒行业，不少传统行业每年都在不断紧缩。

和服行业就是其中之一。据说在这 40 年间，日本的和服市场规模缩小到了七分之一。

作为酒厂的经营者，参加海外活动时我穿和服的机会不少，从顾客的角度多年来一直观察着和服行业的情况。我认为和服行业与日本清酒行业一样，大多执着于以前的做法，没有深入地了解顾客的需求，这是其发展不顺利的原因之一。

谈到和服，我们一般的印象是"价格昂贵是理所当然的"。但是，和服应该有各种各样符合市场需求的产品。例如，方便平时穿着的价格亲民的款式等。

但是，和服店往往只卖那些容易赚很多钱的、在婚礼和成人式等仪式场合穿的和服。也许卖方会认为和服价格不菲却物有所值，但那些不得不花几十万日元购买昂贵的和服的顾客们却不能释然。

和服店也许认为使用了高档布料、采用了高难度技艺制作而成的和服更容易让顾客掏钱购买。但是，如果拘泥于"和服就是这样昂贵的物品"，那么，顾客的选择面可能就会大大受限。

是不是过于墨守成规了？

有一次，我去百货商场的和服店，想买一件在旭酒造召开的圣诞晚会上穿的和服。

我想要一套与圣诞节风格相匹配的和服，就问店员："有没有红色的带子？"但是，接待我的店员却一口回绝道："没有那种颜色的带子。"

在我看来，这不过是拘泥于"传统和服就应该是这样的"这一固有观念罢了。

最近，想在工作场合穿和服，或者想把和服穿得更时髦的人，应该是有所增加的。而且，想在 Facebook（脸书）、SNS（社交软件）中一展自己身着和服风采的人也不少吧。如果能够满足这些顾客的需求，即便是在日益缩减的市场规模中，和服行业应该也能找到生存之路吧。

也许这么说有点多管闲事，但在我看来，很多行业都存在着同样的问题。

经营公司不可能总是一帆风顺。在面临社会与行业之间产生的矛盾时，我们有时也会犹豫不决。

不过，正是在被传统、常识、固定观念所束缚的行业中才暗藏着机遇。通过消除行业固有观念和顾客需求之间的矛盾，应该能够创造出突破性的产品。

迄今为止，"獭祭"所做的一切，也正是在消除社会需求和清酒业界的固有观念之间的矛盾。

"矛盾"的前方就是创新

只有那些拥有经营者思维的人，才能消除这种矛盾。在公司里，无法摆脱这种思想禁锢的大有人在，即使是再优秀的部长或课长，也会被眼前的销售额、商业习惯、常识等束缚住。他们就算发现了这些矛盾，也会因为维持现状更轻松而选择视而不见。或者很多时候，他们根本都意识不到矛盾本身的存在。

经常有人问我这样的问题："怎么做才能让产品比现在更畅销呢？"每当此时，我总是回答："最重要的是，不要去找做不到的理由。"

我在演讲时说过:"我用的就是这种做法。"大家听完后,往往在表示佩服的同时又面露难色:"但是,这在我们公司还是比较难实施。因为……"就像这样,他们总能找出一系列做不到的理由:"我们公司不属于餐饮行业""我们公司没有资金""我们公司没有能人"等。

原本就发展艰难的行业,要找"做不到的理由",可以说要多少有多少。

因此,只有积极思考"怎样才能做得更好"的人,才能让公司抓住机会实现飞跃。

鼓起勇气舍弃"理所当然"

酒，要顾客觉得好喝，才有它的价值。通过所提供的产品和服务让顾客获得幸福感，这在任何行业都是理所当然的事情。然而，在日本清酒行业中，很长一段时间，这种理所当然的事情却被忽略了。

酿酒的价值被放在了"遵守所谓'传统'美名所延续下来的'习惯'"上，因此，和昨天做同样的事情被认为是理所当然的。

但是，这对于顾客来说是一种幸福吗？

日本清酒行业好像已经忘记了，酿造出真正的美酒让顾客满意，这才是应该去追求的目标。

在我们刚开始酿造纯米大吟酿时，其他的酒厂都说："纯米大吟酿是艺术品"，"纯米大吟酿是特殊的酒"，所以不应该酿造太多。一旦我们想多酿一些纯米大吟酿，往往会遭到酿造现场的工作人员的反对。

而我们则认为,"酿出满足顾客需求的清酒"才是理所当然的生存之道。而且,除此之外也没有其他的道路行得通。

但是,在当时的日本清酒行业,这种理所当然的事情,居然做起来非常困难。要增加纯米大吟酿的产量,障碍太多了。

一般来说,杜氏是不想挑战新鲜事物的。因为,如果挑战新事物,不仅工作量会增加,以前的工作方法也得随之改变,甚至还有可能衍生出许多麻烦的问题需要去解决。

另外,"纯米大吟酿不应该大量生产"这一日本清酒行业的共识也是一个"拦路虎"。我们开始改革时,也曾明里暗里遭受了业内权威人士的批判和指责。

"与酿酒相关的事,全权交给经验丰富的杜氏去处理",这样做的酒厂可以说占了绝大多数。但我是那种在酿酒现场也会绞尽脑汁思考,喜欢对酿酒提出自己想法的经营者。杜氏一定会认为,我这种社长'多管闲事'吧,因此,我与杜氏相处得并不是很融洽。

我原来曾自学过酿酒,所以,在酿酒方面总有一些自己的想法。在下定决心"不依靠杜氏,自力更生酿酒"之后,我开始跟员工一边反复试验一边酿酒。

其成果就是创造了纯米大吟酿"獺祭"。如果当时我也被"纯米大吟酿不应该大量生产""酿酒工作应该全权委托给杜氏来做"这些行业中一直以来默认的"常规"所束缚的话，说不定旭酒造早已破产倒闭，不复存在了。

不追求开工率的酿酒

在传统酿酒中，要说不存在生产率和开工率也不过分，因为，这一切都由杜氏来决定。

酒厂也和工厂一样，如果只有冬季才开工酿酒的话，生产效率自然就会大幅下降。与此相反，如果一年四季都能酿酒，生产效率就会大大提高，成本将随之下降。而由此节省下来的资金，可以用于人才培养等方面。

对于酒厂来说，酿酒工序是关系到酒厂兴衰荣辱、生死存亡的关键环节。但是这项至关重要的工作却要交给杜氏去全权负责，这难道不是很奇怪吗？所以，我认为我所做的一切都是极其理所当然的。如果当时我也拘泥于日本清酒行业的传统，那么也只会被蒙蔽住双眼，从而看不清前行的道路。

也许有人会认为，"一味追求生产效率，不是真正的酿酒"。但生产效率提高了，就可以将节省下来的钱用来购买上好的酿酒原料。

在下文中，我也将详细地进行叙述。酿造"獭祭"，我们只使用"山田锦"这种优质但价格昂贵的酿酒米。大量地使用上好的原料，大量地投入优秀的员工，这就是我们酿出美酒的秘诀。

如果不使用优质的原料，也不安排数量足够的优秀员工来酿酒，那么无论如何真心实意，酿出的酒也未必会好喝。优质大米"山田锦"以及大量优质的酿酒员工，是酿出美酒"獭祭"的基础。

要改变日本清酒行业多年来约定俗成的事情并不容易。但是，如果从如何为顾客提供最好的商品、最好的服务这一角度出发，我们就可以分辨出"应该改变的传统"和"应该继续保持的传统"吧。

之所以能够不拘泥于传统，是因为我们一切都从酿造好喝的酒这一"结果"出发。正因为无论做什么，我们都是从"怎样才能酿出好喝的酒"这一观点出发，所以才做出了打破常规的决断。

相反，如果我们当时仅仅从清酒行业的常规出发来思考的话，估计也不会创造出现在的"獭祭"了。

任何一个行业都存在着"这样做是理所当然的"之类的"常规"。如果不对其产生怀疑，只是不断重复因循守旧的话，确实是比较轻松。

但是，抛开常规，尝试着描绘一下"我们想提供这样的商品和服务"，然后从这个理想的"结果"出发，再次审视自己的商品和工作方法，这样做的话，也许会收获与以往完全不同的方法论。

不要被习惯所束缚

"獭祭"由"山田锦"米酿造而成,"山田锦"是最高品质的酿酒米。除了"山田锦",我们没有掺杂任何其他的大米来酿造"獭祭"。

"山田锦"是最适合酿酒的米,它和我们平时做饭用的大米是两个不同的品种。这种米颗粒饱满硕大,被称为"酒米之王"。

然而,正因为它颗粒饱满,导致稻穗沉重而容易倒伏。因此,"山田锦"要比普通的酒米更难培育。

迄今为止,我尝试过各种各样的酒米,最终得出了"最好的酒要用山田锦"的结论。

在其他条件完全相同的前提下,我认为,采用"山田锦"米酿出的酒更好喝。

可以说,"山田锦"就是"獭祭"的生命线。能获得多少"山田锦",决定着"獭祭"的产量。为了保证稳定的供给，我们也积极地与种植"山田锦"的农户进行协商。

但是，这条路走得并不顺利。

刚开始酿造纯米大吟酿的时候，我们就下定决心要用"山田锦"酿出最高品质的酒。然而，从一开始就遭遇到了挫折。在整个山口县内，我们都没能买到"山田锦"。

一般来说，酿酒厂都是通过所在县的酿酒工会组织，从本地农协的上级团体——经济联盟（经济农业协同工会联合会）购买酿酒用的大米。但是，我们通过这种渠道却买不到"山田锦"。

这样一来，我们只能选择自己种植。我们曾经试图自己栽培，却连"山田锦"的种子都没能买到。

我们想从山口县的经济联盟购买种子。第一年，他们以"即使是刚开春来买，种子也已经没有了"为由拒绝了我们。

当时，我们以为是自己去晚了，还认真地反省了去采购的时机。第二年，我们提前预约了，但听到的却是"没有山田锦的种子"。要是直觉敏锐的人，当时就应该察觉到"我们好像不受欢迎，还是不要再寄希望于此了"，但我是一个感觉比较迟钝的人，所以到了第三年，还是寄希望于通过这条渠道来获取"山田锦"的种子。

然而第三年，我们得到的答复还是"今年也没有了"。感觉再迟钝我也终于察觉到了自己不受欢迎的事实，我一怒之下说："今后再也不通过山口经济联盟买米了！"

买不到酿酒用的大米……

我们再次打破了"使用本地产的大米酿酒"这一行业常规，开始与县外的农户签约种植"山田锦"米，并且开拓新的购买渠道等。最终，我们通过自己的渠道获得了足够的"山田锦"。

特别是，我们在兵库县加东市的特 A 地区（日本谷物鉴定协会的大米排名等级分为：特 A、A、A'、B、B'，其中最高的等级为特 A）等，通过与农协签订"村米合同"来购入"山田锦"米。为了让农户安心种植，我们做出了包销的承诺。通过自力更生，开拓出这样的渠道，我们才确保了"山田锦"的供给。

但是，仅靠这些也是不够的。

"山田锦"主产地在兵库县，所以对于兵库县的农户来说，这是易于种植的大米品种。不过，以农协为单位来看的话，还存在一些可以扩大栽培的地方。因此，我们也与各个地区的农协一一展开协商，希望能够让更多的农田种植"山田锦"。

然而，正当我们与地方农协进行协商时，不知为何，消息传到了县级农协的耳朵里。他们横加干涉说："希望你们不要擅自行动。"这样一来，迫切需要大量原料的我们，只好转而开发兵库县以外的"山田锦"产地。

幸运的是，由于受气候变暖等因素的影响，能种植"山田锦"的地域向北延伸了不少。现在，新潟县的长冈市等地也种植着"山田锦"。

在此之前，新潟县并没有种植"山田锦"的农户。为此我们召开了面向农户的"山田锦"栽培培训班，很多农户都参加了。"山田锦"的销售价格是普通酿酒用大米的 2 倍以上，对农民来说，既能收入增加，生活也会变得更加幸福。

日本国内的大米需求量正在持续下降。很多大米即使种了也卖不出去，导致种植农户逐渐丧失了干劲。而依靠补助金被动地种稻米的话，并不能赚大钱。不过，如果农户种植"山田锦"米，由我们稳定地收购的话，就能构筑起双赢的关系。

　　我们在和农户交流时，经常问他们这样一个问题：
"大家认为是依靠政府的补助金勉强度日好，还是种植
'山田锦'赚钱后交所得税好？"

　　对此，农户们都回答："当然是赚钱后缴纳所得
税好。"

"山田锦"的产量在五六年间翻了一番

　　随着"獭祭"产量的增加，与我们签订合同种植
"山田锦"的农户也增加了。现在，旭酒造每年要用掉
12.6 万俵①的"山田锦"米。

　　2010 年前后，"山田锦"的全国总产量仅为 30 多
万俵。随着我们推行的"山田锦"栽培扩大运动的开展，
全国产量扩大到了 62 万俵（2016 年）。而旭酒造的消
耗量占了"山田锦"全国总产量的五分之一左右。

　　之前，同样使用"山田锦"酿酒的其他酒厂经常抱

---

① 俵：用稻草或茅草等编织成的袋子，用于装谷物等。

怨："都怪旭酒造购买了太多的'山田锦米'，导致我们都买不到。"不过，随着"山田锦"的产量大幅增加，可以说上述情况已经不复存在了。

"獭祭"的历史与"山田锦"密切相关。如果当时我们没能获得足够的"山田锦"，就不会有现在的"獭祭"。

同时，也正因为经历了当时的苦难，才会有现在的"獭祭"。如果在最初阶段，山口县的经济联盟对我们说"终于想办法筹措到了山田锦"，我们也就不能像现在这样从容地从日本各地稳定地采购了，也许在酿造"獭祭"的途中会遭遇更大的挫折。

虽然当时觉得历经挫折很是苦恼，现在回想起来却感到很幸运。谁知道人生会在哪里跌倒呢？

在地方，无论是从好的方面还是坏的方面来说，人与人之间的关联性都很强。如果在本地表现得太突出，也有可能被"敲打"。而旭酒造从兵库县购买酿酒用的米，在东京销售"獭祭"，不把眼光拘泥于本地，却意外地、顺利地找到了突破口。

任何行业都有其常规。我们可以试着自问一下，自己是不是被"必须这样做""就是这样的"等习惯与常规所束缚住了。这样，才有可能找到前行的道路。

追求"共赢"

于 2015 年建成的本藏，具备每年酿造 4 万~5 万石 (7.2×10^6 升~9×10^6 升) 日本清酒的能力。要酿造这么多"獭祭"，需要消耗 20 万俵的"山田锦"米。

"旭酒造买了太多的'山田锦'""还有其他想买'山田锦'的酒厂，旭酒造不能以大欺小"等，我们受到过一些这样的批判。但是这些批判都没有说到点子上。

"山田锦"的产量之所以从泡沫经济时代的 45 万~46 万俵跌落到了 30 万俵左右，是因为酿酒行业没有大量购入的需求。酒厂不买"山田锦"，农户只能改种别的品种的大米了。

从农户的角度来看，他们是因为酒厂需要"山田锦"才种植的，但是种好了却没有销路，自然就留下了被"放鸽子"的不良印象。因此，其他酒厂对"獭祭"持续购入"山田锦"强加责备，实在有点不合情理。

　　我们需要大量的"山田锦"，为了增加其产量，一直在日本各地呼吁。每次参加会议、宴会，或与政府、地方自治体的相关人员及负责农业的相关人员见面时，我都会向他们反映"山田锦"的产量太少，供不应求。那些原本以为受减反政策影响大米产量过剩的人，了解到真实情况后都大吃一惊。就这样，通过我们的长期努力，人们才一点点地认识到"山田锦"产量不足的事实，以及"山田锦"是一种价格昂贵的酿酒米，种植这种大米可以让农户获得较高的收益。

实现共赢才能皆大欢喜

　　作为扩大"山田锦"栽培运动的一环，2015年旭酒造与富士通株式会社联合，导入了农业云系统"Akisai"，为"山田锦"栽培信息的数据化提供科技支持。在田边设置传感器来收集温度、湿度、日照时间、土壤湿度等数据，助力于"山田锦"的栽培。使用该系统的农户数量也从刚开始的2家，增加到了现在的20家。

我们这么做，有两个目的。

第一，通过收集数据，为种植出高品质的"山田锦"助力。米的品质提高了，用它酿造出的"獭祭"的品质也会得到提升。

第二，为那些没有种植过"山田锦"的农户，提供相关的技术支持。当时，因为"山田锦"供不应求，我们决定提供支持以促进更多的农户去种植，从而增加"山田锦"的产量。

当然，虽然引进了高科技，但这毕竟也不是"会魔法"的机器，并不能立竿见影地收获高品质的"山田锦"。能不能让这些数据在"山田锦"种植中发挥积极的作用，取决于我们和农民的努力。

所幸，我们做出的这些努力，向农户们发出了积极的信号。之前，农户们经常被酒厂"放鸽子"。在酒厂的委托下，农户们种植了用于酿酒的大米，但往往在第二年收割之后，之前委托他们种植大米的酒厂却不买了。所以，农户们难免心有余悸。

那些曾被别的酒厂"放鸽子"的农户，大概是怕重蹈覆辙，对我们态度冷淡的自然有不少。

但是，我们通过与知名品牌富士通联手，积极地为农户种植"山田锦"提供支持。也许是感受到了我们真切

的情意和认真的态度，从那以后，我切实地感受到愿意
倾听我们的声音的农户增加了。

2016 年，"山田锦"的总产量达到了 62 万俵（3.7
万吨）。我们用来酿酒的"山田锦"是 12.6 万俵（7560
吨）。而日本当年生产的食用大米总量约为 750 万吨。这
样一来，我们所使用的量占到了全部的 0.1%。

从总体来看，这也许只是个很小的数值。用掉了这么
多的"山田锦"，如果不能酿造出好酒的话，旭酒造就没
有存在的价值了。所以，我们深感责任重大，只能更精
心地去酿酒。

"为了城市振兴"的口号和顾客可没什么关系

不能忘记的是，企业与社会是共存的。

"为了振兴本地经济""和本地酒厂一起竞争"等只不
过是从本地和本行业的利益出发，这与顾客的利益没有什
么关系。

其实，只有不局限于"本地"这个"框架"的广大

顾客，也就是对全社会做出贡献，企业才能实现其真正的价值吧。

我们采用"山田锦"米，可以为顾客酿造出美味的清酒。同时，那些种植比普通大米价格更高的"山田锦"的农户，也获得了可观的收入。当然，我们酒厂因为酿造出的美酒销路好，也获得了盈利，这部分利润会以工资的形式返还给员工。不止一个人赚钱，而是让大家都获利，都变得幸福。只有这样，才会形成良性循环。

我们所能做的，只是持续地为顾客提供比现在更加好喝的酒。旭酒造从破产边缘到销售业绩增长 100 倍，也是因为一直坚持这个宗旨不动摇。

如果走岔了路，拘泥于"为了本行业""为了本地"而酿酒的话，也许根本就不会有现在的"獭祭"。

不追求"溢价"

现在，零售店是可以直接订购"獭祭"的，我们酒厂会直接向零售店发货。

我们也给部分批发商供货，并且会在得到批发商许可的前提下直接向批发商辖区内的零售店发货，实现商品的直接配送。当然，这种情况还是存在最低限度的佣金的。不过，我们大多还是与销售"獭祭"的店面直接交易。

为什么我们要直接向零售店发货呢？这是因为，之前出现过顾客想要品尝"獭祭"却买不到的情况。

刚开始在东京销售"獭祭"时，我们是向批发商发货的。然而，当"獭祭"开始畅销后，批发商却在销售方面表现得不太积极了。

理由之一是，站在批发商的立场上，一个品牌卖得太好，并不是一件好事。因为，如果因此导致其他品牌的酒滞销，他们就会遭受其他酒厂"为什么只卖'獭祭'"

的抱怨和指责。

　　还有一个理由就是，批发商并不喜欢打破迄今为止形成的销售排行。

　　如果各种酒的销量走势不能如愿，那么批发商的销售负责人也会不高兴。因此，就出现了批发商故意人为地抑制"獭祭"的销量，以及将"獭祭"与其他品牌的酒搭配起来捆绑销售的现象。

　　结果，市场上要么出现了"獭祭"断货的现象，要么出现了交易价格高于定价好几倍的情况。而对于真正想要品尝"獭祭"的顾客们来说，"獭祭"成了奢望。

　　于是，顾客和零售店纷纷向我们反映："最近'獭祭'特别难买，是卖得太火爆，产量跟不上销量导致库存无货了吗？"

　　而另一方面，因为批发商消极进货，我们酒厂出现了"獭祭"的销售额下降、库存不断积压的情况。这与市场上"獭祭"的一货难求形成了鲜明的对比。很明显，是批发商从中间环节阻碍了市场上"獭祭"的销量。

　　出现这种情况，完全是置顾客的利益于不顾。所以，我们决定不再通过批发商，而是直接向零售店发货。

　　结果，这个决断非常奏效。我们直接去各个零售店说明情况："我们停止了和批发商之间的订购协议。今后，需不需要直接向我们订购'獭祭'？"大多数零售店不仅一如既往地要求购入"獭祭"，还大量增加了订单。"獭祭"的销售量因此不断上升，断货的问题也渐渐地得到了解决。

随时随地都能喝到的美酒

"獭祭"的目标是，"无论什么时候，无论在哪里，都能让顾客品尝到的美酒"。正如前文所述，随着顾客对"獭祭"的认可度不断提高，有一段时期，出现了顾客想喝"獭祭"却买不到的情况。

一般来说，很难得到的酒被称为"梦幻之酒""高溢价酒"，因而备受瞩目。正如曾经一段时期，市场上"獭祭"的价格居然上升到常规价格的 3~4 倍那样，其价格也容易上涨。

因为畅销，酒酿造出来就能卖出去，对于酒厂来说这是一种"高兴的悲鸣"。当然，我们也听说，有的酒厂故意采取强行减产的手段，营造出高级感。

但是，这并不是一种健康发展的状态。

在风潮过去之后，一方面，顾客容易出现审美疲劳而丧失兴趣，另一方面，那些花了高于常规价格好几倍价钱的顾客也许会说："价格这么贵，酒的味道却不怎么样，跟高价不相匹配。"这是因为，价格太高导致顾客对酒的期待值也变得过高了。

我们希望让尽可能多的顾客品尝到"獭祭"，让他们对"獭祭"的质量做出客观公正的评价。如果不这样的话，"獭祭"就成不了长期受到人们喜爱的酒。

在一个热潮结束之后就消逝的酒，是无法树立品牌的。要想树立起良好的品牌，就得让顾客无论什么时候、无论在哪里，都能品尝到同样高品质的酒。

再好的美酒，如果不能让顾客品尝到的话，就没有存在的意义。因此，我们一直致力于让尽可能多的人品尝到我们酿造的美酒。当然，这也是所有酿出美酒的酒厂的愿望。

只依靠营销策略的话，也许能掀起小的波澜，却不能创造出真的风潮。故意造成产品脱销的状态，营造出"高级感"这样的小伎俩，消费者早已识破。如果我们也采取这样的小伎俩，那就别想创造出长期受顾客喜爱的品牌了。

制造出好的产品，并将其送到顾客手中。这才是在商界立于不败之地的王道。

不要害怕说"真心话"

　　我直言不讳地说出了酿出理想美酒的必要条件，也因为谈到了很多与酿酒行业多年来的常规相差甚远，甚至反其道而行之的东西，受到了来自各方面的斥责。

　　但是，要想酿造出为顾客带来幸福感的美酒，这些都是必须直面的问题，我并没有因为害怕说真心话带来麻烦而违背自己的内心。

　　只要能够达到顾客至上的目标，该说的我还是会直言。这是作为经营者应该发挥的重要作用。如果怕说真心话引发冲突，就会不断地失去更多的东西。

　　公司的经营者如果一味畏首畏尾地当"老好人"，那么公司很有可能会面临危机。因为对于经营者来说，重要的是要明确公司前进发展的方向，必须态度鲜明地指出什么是正确的、什么是错误的。是正确的就坚持下去，是错误的就立即改正，直面各种经营难题。

要走自己坚信的道路，该说真心话的时候就得仗义执言，不能畏首畏尾。只有这样，才能探索出前行的道路。

不管对方是谁，该说的话就得说

这是在某大型流通企业的经营干部早会上，我受邀发表演讲时发生的事情。虽然那家公司跟我们没有直接的商业往来，但为了让他们更多地了解"獭祭"，我还是决定接受邀请做一场演讲。

之所以这么说，是因为在那家企业的店铺里，"獭祭"并没有被放入冷藏柜中，而是在常温下堆积着存放的。如果不进行冷藏管理的话，"獭祭"的品质就会劣化。而且，当时他们还以高于正常价格3倍左右的高价售卖"獭祭"。因为受到禁止垄断法的约束，我们也没有办法强加阻止。

我们只能将他们以高于常规价格3倍的高价售卖"獭祭"的货柜照片，在其经营干部聚集的演讲会上，通过幻灯片的形式播放出来。并且，展示说明了让顾客能品尝到最美味的"獭祭"的正确储藏方法。

　　虽说对方是与我们没有直接往来的销售公司，但其对我们各方面的影响力却很大。我居然对于这样的大型流通企业"挑刺儿"，我们公司的员工都感到十分震惊。但是，我作为公司的经营者，无论对方是谁，都必须坚守住自己的底线，因为这是关系到顾客信赖的原则性问题。

社长不必太强势

"为什么偏要走这么一条充满困难的道路？"我有时也会被问到这样的问题。

但是，我并不觉得自己是故意选择了困难的道路。"不这么做就没法让公司生存下去"——抱着这样的想法，我才选择了这条道路。只要是值得做的事情，我就不会逃避。

之所以选择不再依赖杜氏，而是和工作人员一起创造出四季酿酒的方式，也是因为如果不这样做的话，酒厂就无法生存下去了。

如果同样是公司的经营者，应该能够理解这一点。时刻思考如何实现公司的提升，对于公司的经营者来说难道不是理所当然的吗？就像每天起床、吃饭、睡觉一样地平常。

此外，虽然经常有人说"樱井先生有直言的勇气，真是个内心坚强的人啊",但我其实原本不是那么坚强的人。小时候,我总是因为一受委屈马上就哭而被周围的人取笑,也是个看起来很容易受欺负的小孩。

我曾经给旭酒造的员工们看过一张照片,那是我刚进入以酿造"日本盛"而闻名的西宫酒造时的集体照。我问他们:"你们知道照片中的哪个人是我吗?"大部分员工都指向了占据着中央席位的、有着一副很强硬面孔的人物。

但其实在照片中,我当时只是站在人群的角落,看上去是一个很懦弱的年轻人。就连跟我相处了很久的旭酒造员工都辨认不出来,所以,年轻时的我和"想说的话都敢说"的现在的我,给人的印象应该是不一样的吧。

在面对强大的对手时要内心坚强

即使是现在,我平时也是比较"懦弱"的。如果被本地人抱怨"'獭祭'不立足于本地而去东京发展",我的内心也会受伤,甚至消沉。

但是，面对强大的对手，我的内心却又会变得非常强大。在决定担任旭酒造社长这个职务的时候，我就已经做好了准备。我心想："不能输给其他的对手。我要让更多的人品尝到'獭祭'的美味。"这给予我战胜一切困难的勇气。

俗话说"枪打出头鸟"，在日本清酒这个不景气的产业中，如果某个品牌的清酒销售额急剧增长，就会遭到各种批判，甚至被人使绊子。我们也经常被人们误解。

一次偶然的机会，我曾在一家餐饮连锁店的洗手间里，看到坐便器的前面贴着一张海报，上面印着："本公司不卖无视传统、用机器酿造的日本清酒。"

虽然并没有直接点出"獭祭"的名字，但是海报上却分明用了"獭祭"的商标，很明显，这指的就是"獭祭"。也许商家认为，使用传统手法酿造的日本清酒更受消费者欢迎吧，所以"獭祭"自然就成了其"矛头"所指的对象。

当时，旭酒造仅仅是一家销售额在 20 亿~ 30 亿日元的中小企业，而对方则是销售额为 400 亿日元规模的大型酒厂，再考虑到被称为衰退产业的日本清酒行业的高成本，以及大规模餐饮连锁店的收益率，二者之间的实力悬殊。

这只是一个对我们的酿酒方式产生了误会的小插曲，像我们这样弱小的团队，却被如此关注和批判，我反倒觉得未必不是件好事。

如果像以前一样，我们仅仅是一个随时都有可能倒闭的小酒厂，就不会受到这样的关注和批判了吧。当然，如果我们再强大一些的话，估计也不会受到那么多的批判。

"领导者还是强势一点的好"是误解

实际上，我是一个内心不那么强势的经营者。自从当了社长，因为我的想法与公司以前的方针不一致，让杜氏和一些职员相继离开了公司。每当有员工辞职时，我总觉得自己被否定了，心情也随之低落下来。

但是，现在回想起来，我觉得做一个不那么强势的领导者真是太好了。

能够灵活地应对所有的变化，这对于公司的经营者来说是一种非常重要的能力。如果公司的经营者不能随时关注公司的发展趋势和经营环境的变化，随时注意员工的内心想法以及公司内部氛围的话，就不能掌控全局。

虽说都是在一起工作的员工，但毕竟每个人都有自己独立的思考方式，不可能都与自己有同样的想法。甚至有可能，他们考虑的与我考虑的完全相反。

如果意见和想法不同，就有必要倾听对方的心声，为了能让对方理解自己的想法，就必须仔细地进行说明。

刚才我也说了，"经营者必须走自己坚信的道路"。但是，在公司外部和公司内部必须分开考虑。如果领导者十分强势、独断专行，总是认为"员工按照社长的决定去做就行了"的话，就会变得自以为是，最终无法顺利推进公司的发展。

我觉得，在公司员工对自己提出意见时，领导者只有表现出"我可能错了"的"懦弱"，才能认真思考该怎么办，真正地与员工建立起良好的沟通方式。

特别是在经营环境不断发生变化的大环境中，不太强势的领导者，更能灵活地进行应对。"公司的经营者越强势越好"，这难道不是一个很大的误解吗？

第三章

赢得顾客支持的『口头禅』

舍弃那些"用来买醉、用来卖钱"的酒

纯米大吟酿酿造起来非常地费时费力。如果想将酿酒用的大米精碾到 50% 以下的话，需要花费一定的时间，当然也需要严格地对温度、酒曲等进行管控。因此，在我们酿造出"獭祭"之前，纯米大吟酿只能少量生产，这也是日本清酒行业的常识。

对于杜氏来说，酿造 II 级酒（根据 1992 年前的日本清酒分类体系）这些便宜但质量低的酒比较轻松。好不容易削减睡眠时间酿造出少量的纯米大吟酿，既不怎么赚钱，也不能获得赞誉。以前在旭酒造工作的杜氏也是如此。一般来说，杜氏都不太想酿造纯米大吟酿。他们认为"大量酿造质量低但便宜的酒更赚钱"。

也因为这样的缘故，日本清酒总是一味地追求价格低廉。给人们留下的印象就是：那些只要花 1000 日元就能喝得烂醉如泥的酒馆和日本清酒很般配。

具体来说，在人们的印象中，只在车站附近的烤串店和把啤酒箱作为椅子的廉价居酒屋里，或者在那些站着喝酒的居酒屋等地方才喝日本清酒，媒体宣传采访也集中在那样的地方。虽然，这也可以称为日本清酒的特征和文化之一，但在品牌价值方面，日本清酒与葡萄酒、香槟等其他酒精饮料之间的差距，却拉得越来越大。

如果仅凭"廉价"这个特征的话，日本清酒的前途并不光明。只要参考一下市场缩小了三分之一的日本清酒历史，答案就显而易见了。

人们喝下大量品质不好、价格低廉的酒，第二天由于宿醉而损害了身体健康，工作也受到影响，之后再被"要是不那样喝酒就好了"的后悔情绪所折磨。这样的酒能够给顾客带来幸福吗？我当然不这么认为。

"远离日本清酒"完全是胡说八道

我时常告诫自己，不能光追求酒的销量，更不能仅仅把扩大公司规模作为目的。

"为顾客奉上好喝的酒"，只有这一条道路才是成功之路。

让顾客们品尝到美酒，给顾客带去幸福。这样一来，顾客就会成为我们的"回头客"，下次也继续购买"獭祭"。如果这样的"回头客"不断增加，"獭祭"的销售额也会增加，员工们的工资也能相应地增加。这样一来，我们就可以雇用到更加优秀的人才，而优秀的酿酒人才自然也会提升酒的品质。这也许是水到渠成的事，但是，如果不能形成这样的良性循环，别说进入世界市场了，就连在日本市场都站不稳脚跟。

2015 年，"獭祭 Bar 23"在一线品牌云集的东京银座旁边的京桥开业，其目的也是在于摆脱日本清酒"用来买醉、用来卖钱"的标签，提升日本清酒的品牌价值。

然而，在酿酒界却发生着与此完全相反的事情。

在和业内的人士聊天时，我也听到一些"最近的年轻人和女性不喝日本清酒"等声音。

但是，"年轻人和女性正在逐渐地远离日本清酒"简直是胡说八道。这样的说法好像在抱怨顾客的不是。实际上让年轻人和女性逐渐远离日本清酒的，正是酒厂和整个酿酒界。

例如，为了提振日本清酒酿造行业的士气，全国的酿酒工会等正在主导推进"干杯条例",也就是"第一次干杯时要用日本清酒"。

在以促销为目的的日本酿酒工会组织的活动和聚会中,也会根据"干杯条例",事先准备好当地的日本酒。不过,这却反过来让年轻人和女性加速远离了日本清酒。

会场上准备的酒是通过酿酒工会的门路来决定的,大都是卖不出去或积压库存的日本清酒。而且,这些酒也缺乏必要的温度管理,被随便倒进纸杯和廉价的酒杯中。

喝了这些酒的年轻人和女性会怎么想?自然是,"果然,日本清酒一点儿都不好喝……"

所以,让年轻人和女性讨厌日本清酒的,正是努力推销日本清酒的酿酒行业,真是没有比这更讽刺的事了。

但是,当事人却并没有意识到问题所在。

用啤酒和烧酒饮料来干杯的酿酒厂的人们

在日本清酒促销和宣传活动之后的庆功宴上,以"先来杯啤酒""我喝烧酒""我喝葡萄酒"等方式,酿酒厂的员工们各自点了日本清酒以外的酒，然后又苦恼地讨论："日本清酒的将来会变成什么样？"明明没有酿造出自己想喝的酒，却为了让顾客去喝而拼命地开展促销，这听起来都像是个笑话。但是，这样的事却在日本全国随处可见。

如果真心想酿出销路好的酒，应该不会对除了日本清酒以外的酒感兴趣。

对顾客来说幸福是什么？

要提供什么样的商品，才能让眼前的顾客露出笑容呢？

为此，我们能做什么？

只有不断思考上述问题，才能找到前行的道路吧。

品牌不是"创造"出来的，是"守护"出来的

　　和其他任何行业一样，日本清酒市场并不是一个只要酿出酒来就能畅销的理想世界。

　　我们也并没有强大的销售队伍，只有一个仅 7 人的销售小团队，却要随时应对包括美国、欧洲等地区在内的全球市场。即便如此，"獭祭"还是能够畅销不衰，这是因为有着想着要品尝"獭祭"的顾客。因此，零售店也会专门向我们订购"獭祭"。

　　要让顾客倾心于"獭祭"，品牌的魅力是必不可少的。

　　我们只和共同培育起"獭祭"这个品牌的销售商进行商业往来，现在这样的销售商大概有 600 家。

　　有夫妇一起经营的小酒馆，在为培育"獭祭"这个品牌而努力着。其中也有的店卖出了 1 亿日元以上的"獭祭"。

　　另一方面，我们基本上不与大型流通企业合作。

这是因为，如果被大型物流商掌握了定价权，打折贱卖的话，"獭祭"的品牌就砸了。

虽然一些大型物流商也发来了热情且充满诚意的邀请，不过，对于此类邀请，我们基本上都会婉拒。

倒不是我们对大型流通商带着憎恨和怨恨的情绪，而是一旦有经销商降价，他们肯定不会坐视不管。毕竟是商业买卖，他们肯定会为了自己的利益去降价销售。

如果勉强去卖，一定会产生浪费。

以前我们还和山口当地的酒行有合作关系，由于忘年会和新年假期等时段的市场需求增加，在日本清酒畅销的年末时节，商家会采购比平时更多的酒。但是，最后他们总因为年前进货过多而造成库存积压，到了1月份，又一口气将堆积如山的清酒退货。

现在的大型物流商也是采取类似的做法。

因为大量进货，虽然一时的销售额提高了，但顾客也容易产生审美疲劳。如果顾客们厌倦了酒的口味，就会提出"下次试着开发一些新酒"之类的要求。如果我们采取这样的销售方式，就没法维持"獭祭"的价格和品牌了。

"多酿点儿别的口味的酒吧"

老实说，我有过一段痛苦的回忆。

二十多年前，在"獭祭"之前，我们酿造的"雪化妆"纯米大吟酿也曾风靡一时。我们对酒的质量很讲究，而且在半透明的白色瓶子上贴上时髦的标签，这种包装也受到了好评。当时，我们委托了某大型超市进行销售。300ml的瓶装酒售价500日元，作为纯米大吟酿，这个价格也是比较亲民的了。

而那些看到了"雪化妆"畅销的其他酒厂，便使用廉价的大米酿造出"本酿造酒"。虽然这些酒在品质上落后于"雪化妆"，但由于售价仅为300日元，顾客一下子就被吸引走了。

正是在如此艰难的时候，我特别希望大型超市能够雪中送炭，为我们提供销售支持。但是，负责人却说："樱井先生，'雪化妆'已经卖不出去了。你们还是多酿点儿别的口味的酒吧。"

大公司尚有开展价格竞争的实力，但如果是小酒厂的话，就只能从市场中消失了。

所以，如果和大型物流商合作的话，就有可能陷入"鸟尽弓藏"的困境，连品牌都构建不起来……吸取了当年的教训，我决定只和重视品牌的销售商进行贸易往来。

只图轻松的话，品牌就会垮掉

为了响应大型商场的要求，正在不断酿造新产品的中小酒厂有很多。跟大型物流商进行贸易往来，销售额可能会一时上升很快。但是，如果商品卖不出去的话，就会被要求开发新产品。在这样的环境下，品牌是难以树立起来的。

贪图轻松的话，品牌就会马上垮掉。"守护"品牌是必须有的觉悟。

公司的经营逻辑要对顾客做到"全透明"

在树立品牌的过程中需要注意的是，要时刻意识到"我们的酒窖在顾客看来要是公开透明的"。

我认为这在酒厂以外的地方也适用。但是，一般来说，厂家总是一边想着"反正顾客也不懂行"，一边将生产出的产品送到市场上去销售。

因此，一些厂家不提高商品的质量，而是试图通过宣传和变换商品包装来提升销量，用促销活动和广告来吸引顾客的注意力。这样做，也许能引起顾客一时的关注。但是，这样的小聪明和对顾客的敷衍态度，很快就会被顾客看穿。

当厂家大规模地投放广告，大搞促销活动时，直觉敏锐的消费者马上就会发现"这些广告宣传费，都被转嫁到商品的价格上了"。

顾客是能感受到企业的真实态度的。

以前，顾客大都认为"只要便宜就好""要是有赠品就好"。然而，现在的顾客却能够看透厂家"以赚钱为首要目的"的心思。

将"顾客是怎么认为的"作为判断的标准

"獭祭"的主要顾客是 30 岁到 50 岁的商务人士，他们无论是对待工作还是人生，都是积极努力的。

总的来说，这样的顾客能看到问题的本质。"獭祭"如果背离了顾客的期待，马上就会被他们看穿。

如果我们把"獭祭"放到管理不善的店铺去销售的话，就不会让顾客产生信任感，他们就不再购买"獭祭"了。

有的企业从顾客那里赚了钱，还自认为"顾客大概不会知道吧"，于是，在高价销售的同时却降低产品的质量，偷工减料。但实际上，付钱的顾客一方必然会察觉企业所打的"如意算盘"。

正因如此，我们才将"顾客是怎么认为的"作为判断的指南，时常告诫自己，必须把购买"獭祭"的顾客的利益放在第一位。

如果发现行业的常规对于顾客不利的话，我们也会努力地推翻这个常规。

这时，虽然日本清酒行业对此会抱有抵触情绪，但我们只要想到"如果在这方面妥协的话，顾客会怎么想"，就会充满战斗的勇气。

好酒光"造出来"是不行的，还要"送到"顾客手中

　　一般来说，酒厂的目的是"酿造出美酒"。但是，无论再好的酒，如果顾客喝不到也是没有意义的。所以，我总是说："要把好酒送到顾客手中。"

　　为此，我们不拘泥于现有的销售渠道和销售市场，只向认真销售"獭祭"的酒馆和零售商发货。

　　有人说："'獭祭'太贵了，价格不亲民。"实际上，在一部分超市和酒馆，确实曾以1万日元左右的价格卖过精米度50%的"獭祭 纯米大吟酿50"（1800ml）。

　　但是，"獭祭"通常的售价是2850日元（不含税）。跟一般的日本清酒相比，可能稍微贵了一些，但"獭祭"并不是可以卖到1万日元的高价酒。以这样的高价销售"獭祭"的店铺，都不是从我们酒厂直接进货的商家。至于价格为什么会被提到这么高，我们并不知情。因为日

本法律有规定，商家无论以什么价格销售，我们都没有权利提出异议。

　　不从旭酒造直接进货的商店，很难保证"獭祭"的品质。如果"獭祭"长时间不放在冰箱里，而是常温保存的话，酒的品质就会下降。因此，我们只向了解"獭祭"保存方法的商店和餐饮店直接发货，因为它们能够为顾客提供最佳饮用状态的"獭祭"。这一切都是为了顾客能够品尝到美味的"獭祭"。

　　但是，那些不向旭酒造直接进货的销售商和店铺，都不太了解"獭祭"的最佳保存方法，而且只有在那些店铺中，"獭祭"的售价会高于我们厂家的定价。这并不是我们希望看到的情形，也损害了在不知情状态下花高价购买了"獭祭"的顾客们的利益。

　　因此，旭酒造只会委托那些了解"獭祭"的经销商来销售"獭祭"，可以说，我们结成了"酿造和销售的同盟"。也许这样做，我们会被认为是自私的卖方，但是从为顾客提供最高品质且以最令人信服的价格销售的角度，只有采取这种方式，我们和顾客才能都受益。而且，这对于有正当利润的商店和流通企业来说也是一种幸福。

只要认真地为我们销售"獭祭"，店铺的大小没有关系

在直接向我们进货的餐饮店中，有一家名为"和民"（和民株式会社）的居酒屋连锁店。我们从 2015 年起开始委托其销售"獭祭"，但马上遭到了"旭酒造竟然和出现'黑心企业'问题的公司有贸易往来……""'獭祭'的顾客群体与'和民'的顾客群体可不一样"等非议。

的确，像"和民"这样的连锁店，平时以不喝"獭祭"的年轻人居多。不过，好不容易酿造出了美酒，我很想让年轻人也来尝一尝。而且，我希望让大家都了解一下真正好喝的日本清酒到底是什么样的。我并没有向年轻人献媚的意思，只是希望他们将来愿意喝一喝"獭祭"。因为如果没有年轻人关注日本清酒的魅力，就没有日本清酒的未来。

并且，我们在寻找经销商时，最看重的是能否善待"獭祭"，以及能否与我们一起培育"獭祭"这个品牌。

为了让顾客品尝到"獭祭"的美味，需要冷藏保存并

尽早喝完。而"和民"在全国的店铺对酒都会进行非常严格的保存管理。他们售卖的也不是一升装的酒，而是小瓶酒。这是因为，酒在瓶塞被打开后，接触到空气很容易氧化变质，而量少的小瓶装则更能保持酒的新鲜度和美味。

在委托其销售"獭祭"之前，我曾提出要求，事先说明一下"獭祭"是一款什么样的酒。于是，在全国店长集合的会议上，"和民"给了我1个小时的时间进行说明。当时，我就感受到了他们的诚意，觉得"委托'和民'销售'獭祭'，他们一定会好好地善待'獭祭'，保护这个品牌"。正因如此，我才决定与"和民"合作。

不知酒味的老字号酒行

一般来说，很多人可能会有这样的印象："比起居酒屋连锁店，本地小酒馆和酒行应该更了解日本清酒。"

可是，现实中却有很多地方恰恰相反。当然，本地酒行和居酒屋，大都非常重视日本清酒，但也不能说没有非常马虎的地方。

有一次，我到了某个地方小酒行。我问老板娘："哪种酒好喝呀？"她的回答却很让我感到意外："这我可不知道，因为我不喝酒。"

即使是经营了几十年的酒行，也是如此。

在地方的居酒屋，也发生过类似的事情。店主一边说着"给您拿'獭祭'"，一边从厨房的架子上拿下一瓶不知道多久前就已经开封了的一升装"獭祭"倒入顾客的酒杯中。可以说，这名顾客没能品尝到最美味的"獭祭"。不过，店主一点儿都不在乎这些，因为他认为"獭祭"不好喝自己根本就没有责任。

制造商很容易只专注于制造产品，但是，只要制造出好产品就能畅销的时代，已经过去了。即使一时取得成功，如果不能将商品以最佳状态送到顾客的手中，那么退出市场只不过是迟早的事罢了。

顾客的话不能"原封不动"地听

我们想要酿造让顾客品尝后感到幸福的酒，但是，我们不会采取常规的营销手法——倾听顾客的声音，这是因为顾客有时候不会说真心话。

在请顾客试饮的时候，他们有时候会顾虑到我们的感受而称赞酒"好喝"，甚至有时候，顾客还会说出与内心所想完全相反的话。

在日本清酒行业，大家往往觉得，大多数顾客都认为"酒还是便宜的好""讨厌特级酒、Ⅰ级酒这些散发着'铜臭味'的酒，最喜欢Ⅱ级酒"，这些难道都是顾客的真心话吗？

有的顾客嘴上这么说，却在现实中喝着价格更高的威士忌等。所以，这些并不是顾客真正的喜好，而是一种"想扮演出平民的自己"的愿望让他们说出了这样的话。不仅如此，大多数情况下，有的顾客连自己都还没弄明白内心所需。

我们曾经也有过一段时间只顾盲目地倾听顾客的声音。当从销售商那听到"顾客说旭酒造的酒太贵了，所以不买"，我们就降低了产品的价格。销售负责人反映"顾客说我们的商品不提供赠品，所以不买"，于是，我们又开展了买一升瓶装的酒赠送一个盘子的活动。就这样，我们根据顾客的意见，只要能做到的全都尝试过了。

结果却不尽如人意。虽然一时的销量有所提高，但一段时间过后，销售额又下降了。

从这样的经验来看，我们要有意识地避免对顾客的意见囫囵吞枣，而是要从顾客的角度出发思考该如何酿酒。

正因为转换思维，我们才造出上佳的酒。

产品畅销故事只能从"结果"中产生

另一方面，我对"运作"市场营销这件事也不感兴趣。

在和广告公司以及设计师们聊天时，我经常听到"商品是需要故事的"之类的话。例如，"由女职员策划制作""与本地的工商会议所共同完成"等。这样的故事，在商品营销上也许有一定的效果。不过，要是真实的而不是刻意编造的故事才行。如果用捏造出来的故事，那就是欺骗消费者，消费者也不是傻瓜，自然不会买账。酿酒业界也曾一度盛行"卖酒需要有故事"，但从没听说通过捏造产品故事持续保持畅销的例子。

　　故事性必须是作为结果而自然产生的。"獭祭"现在看来也是充满故事性的，但这些故事都来源于我们克服各种问题和困难，不断摸索的过程。

　　在经营活动中，我们经历了各种各样不顺利的事情，而在解决问题的过程中，关于产品的故事自然也就产生了。

只有"专注"才能"扩展"

"'獭祭'不考虑增加其他品类吗？"

"不尝试打造'獭祭'以外的品牌吗？"

"要不要试试'山田锦'以外的酿酒米，酿造新品种的酒？"

"以更接地气的价格来卖'獭祭'怎么样？"

到现在为止，我都不记得被问过多少次以上这些问题了。

但是，对于这些问题我的回答一直以来都是"No"。

这是因为，我们并不是以扩大公司规模为目的来酿酒的。我们始终都是将"为顾客奉上品尝后感到幸福的酒"作为宗旨。

"獭祭"之外的酒，有其他的酒厂在酿造。我不想抢夺其他酒厂的市场份额。"獭祭"是我们独创的酒，我们也在尽可能地探究和深挖其个性，让懂得欣赏"獭祭"

的顾客能够品尝到它。

我们一直以来只专注于打造"獭祭"这个品牌，没有停下过追求精益求精的脚步。

有的人可能会认为，只酿造一种品牌的酒会导致顾客不断流失，事实并非如此。有意思的是，越是"专注"，越能得到"扩展"，只有专注于酿好一款酒并做到精益求精，才能做大做强。

例如，"獭祭发泡酒"是深受女性欢迎的一款日本清酒。这款清酒因为含有碳酸，而呈现出清爽的口感。最初，"獭祭发泡酒"也只是"獭祭"品牌下的一款浊酒①而已。

当初，这款浊酒是我们收到顾客投诉最多的一款商品。这是因为酒中残留的酵母在发酵时产生了大量的碳酸，顾客在打开瓶盖的时候，里面的酒总是在碳酸气体的作用下难以避免地喷发出来。我们注意到这种碳酸能给人带来清爽的感觉，于是强化了二次发酵，后来制作出了气体感更强的发泡酒。

这可以称得上是通过深度开发"獭祭"这个品牌，从而扩展了顾客受众的范例。

---

① 浊酒，这里指未经过滤的、混浊发白的粗酒。

另外，旭酒造公司还和其他的行业、企业一起联手开发制作了卷状蛋糕、巧克力、仙贝、甜酒等清酒以外的商品。

从开发的这些商品种类来看，貌似我们在扩展产品的领域范围。不过，如果大家了解了我们的出发点，就会明白其中的不同。众所周知，在酿酒的工序中会产生大量的酒糟、酒糠等，以前，这些基本上都作为工业废物被丢弃掉了。"獭祭"每年都会酿造出大量的清酒，从而也会产生大量酒糟、酒糠等废弃物。因此，把原本打算扔掉的东西再次灵活运用起来，这才是我们的目的，其中也包含了废物回收再利用的环保思想。

也有一些企业抱着"和'獭祭'合作的产品应该都能卖得出去吧"的想法来谈合作，但我们还是不想制作不受大众欢迎的产品。这一点和我们对待酿酒的态度是一样的。我们并不是随意地开发相关产品，而是始终以"制作出美味和高品质的产品"为宗旨来做产品开发。

"做减法"比"扩展"更重要

扩展商品的种类并不难。如果销路好的话，即使想缩小商品种类的范围，它也会自然而然地扩大。所以，最重要的是做到专注和精益求精，要做"减法"。越是胡乱地增加商品种类，可能出现的问题就会越多。所以，在扩展业务的同时，必须在精益求精的前提下"做减法"。

一旦要削减商品种类，往往会遭到很多人的反对。以旭酒造为例，首先，酒馆的老板会问："一直以来都在卖这种商品，为什么突然就不生产了呢？"顾客们也纷纷表示："非常喜欢那款产品，为什么现在就买不到了呢？"

这在后文中我会详细地解释。就连过去做得非常失败的地方啤酒，都会有顾客说："非常喜欢那个啤酒，现在却买不到了。"当然，制造商也有自己的想法，所以很难轻易决定不再生产某种商品。由此可见，"做减法"其实是很不容易的一件事。

可是，如果不削减商品种类，在核心产品的制造方面，就没法投入充足的人力和物力。产品的种类过多，会慢慢地削弱公司的实力。正因如此，我们只专注于已有的"獭祭"，不断地精益求精。

第四章

让产品走向世界的『口头禅』

主攻市场的中心

主攻市场的中心，把产品投放到最具影响的市场中去。

自从开始酿造"獭祭"以来，我们就一直贯彻这个战略。现在，以巴黎和纽约为首，"獭祭"正积极地进入海外市场。当然，也有人提出异议："日本清酒就算不开拓海外市场，只在日本销售不也很好吗？没有必要非得走向世界。"

但是，我们酒厂原本在山口县本地的销量并不是很好，所以，只好去开拓东京的市场。虽说现在在东京畅销，但如果回到地方的话，还是无法生存下去。因此，"獭祭"才以开拓世界各国的市场为目标。

"獭祭"成功地在东京这个日本的中心城市站稳了脚跟。正因为东京是一个拥有 1200 万人（当时）的巨大市场，所以才有"獭祭"生存的余地。我们之所以要进入巴黎和纽约等世界美食中心，是因为曾经有过在东京获得成功的经验。

巴黎是座美食之城。就连纽约也受到巴黎美食潮流的影响，因此，我想首先让"獭祭"进入巴黎。

世界市场上的高端客户是我们的目标顾客

在进入海外市场时我们就有这样的觉悟，那就是让每个国家只有一定比例的高端顾客可以品尝到"獭祭"。

举个例子，如果"獭祭"出口到法国，则需要缴纳关税等税金，所以在法国销售的"獭祭"，价格相当于日本国内售价的3~4倍。另外，如果在法国的三星级米其林餐厅出售的话，"獭祭"的价格会更高。

因此，两人套餐在点了"獭祭"后，可能得花费800欧元（大约10万日元）。这样一来，能够负担起这样高消费的估计只有收入排名前几个百分点的顾客了。所以，"獭祭"在出口到海外时，只能首先邀请高收入的顾客进行品尝。

客户范围受限似乎是一个弱点，但是反过来看，这也正体现了我们的实力。之所以这么说，是因为富人们经常在世界各地品尝美食，审美口味也具有兼容并包的特点，因此，即使我们提供的是与日本国内一模一样的"獭祭"，顾客也可以尽情地享受它，而不会感到任何的不适应。

是否过于依赖"本地产本地销"了？

在日本全国人口数量持续下降的情况下，因销售低迷而苦恼的地方企业不在少数。

然而，这些在地方城市饱受销售量低迷困扰的公司中，有不少是因为太过于依赖"本地产本地销"的模式。

"本地产本地销"这个词的影响力很大。这种模式曾经有过高潮时代，因为是采用当地的材料，雇用当地人工生产出的商品，所以在当地备受欢迎，销量很好。这样的时期持续了很长的一段时间。

就连现在，"本地产本地销"也还残留着一定的影响力，也有一些质量并不怎么好，但是以"本地产本地销"

的名义存活下来的商品和服务。

然而，如果质量不好的话，将来是一定会被市场淘汰的。制作出真正好的产品，才是长久得到顾客支持的唯一出路。

只要产品质量好，厂家有销售的意愿，不仅在地方城市，即使是在东京等大都市，顾客们也不会视而不见。

竞争对手是"先来杯啤酒"

2016 年"獭祭"的销售额是 108 亿日元。值得庆幸的是，这几年"獭祭"的销售额急剧增长，但另一方面也有人认为，考虑到清酒在日本市场的整体容量，"獭祭"的销量增长差不多该到头了吧。

但是，我认为"獭祭"的销售额还有继续增长的余地，甚至有望增加到 1 000 亿日元。如果能把"獭祭"的魅力传播到海外，那么扩大"獭祭"在海外市场的销售额也是指日可待的。

如果能够给那些"想品尝美味的日本清酒"的人，送上更多的"獭祭"，那么完全没有必要这么早地断定"獭祭"的市场销售额没有提升的空间了。

举个例子，如果用三角形来表示酒精饮料的品牌价值，在日本人的意识中，位于三角形顶点处的是高级葡萄酒、香槟、威士忌品牌。而日本清酒，即使是其中最高级的纯米大吟酿，也没能够打造出可以与上述这些酒平起平坐的品牌。

明明是日本传统的清酒，却没能在日本人心目中树立起品牌优势，如此想来，真是太可悲了。

不过，如果"獭祭"能够树立起像"在庆祝的时候喝高级香槟"一样的品牌效应的话，将有可能在更加广泛的场合，有更多的人喜欢上"獭祭"。在海外，"獭祭"也将赢得更多的人的关注吧。

我们目前的目标是把"獭祭"的地位推向三角形的顶点。我觉得进行这项挑战，对于日本人来说也是极有意义的。

香槟的品牌影响力就是模板

包括"獭祭"在内，日本清酒暂时还没有和其他酒精饮料一样的品牌影响力。

例如，啤酒早已经作为干杯时不可或缺的酒，扎根到日本人的心中。所以，在点餐时，人们经常说："先来杯啤酒。"但是，人们却不会在点餐时说："先来点儿日本清酒。"

在日本社会，香槟也成了庆祝宴席上不可或缺的酒。就连我本人也经常遇到这种情况，跟我们酒厂有贸易往来的店居然会赠送香槟给我。

每当此时，我一方面内心很不是滋味，另一方面，却也十分犹豫，到底应该礼貌地说句"谢谢"收下香槟，还是应该婉然拒绝。因为与我们有贸易往来的店，基本上都有过这种操作，所以很多时候，我不得不做出两难的选择。

端起一杯用时尚的玻璃杯装着的香槟，时尚帅气，这种印象已经深深烙在日本人的脑海里。

如果"獭祭"能在人们心目中留下"喝着'獭祭'的自己很帅"这种印象的话，日本清酒将开辟出一片更广阔的天地。

今后，日本清酒要想在世界市场上站稳脚跟，其实，香槟这个强大的竞争对手，在品牌的树立以及对市场的应对方面，可以为日本清酒的发展提供很好的参考模式。我认为，作为一家山里的小酒厂，要想在世界市场上生存下去，就必须将"獭祭"的品牌形象提升到能与香槟并驾齐驱的高度。

"虎屋"的羊羹具有压倒性的品牌影响力

从品牌影响力这个角度来说，我想把制造和销售羊羹的"虎屋"作为例子来谈谈。

说起"虎屋"的羊羹，估计很多人会想到，它是去当地旅游时必买的特产，同时，如果想向对方表示自己的诚意，也必须带上一份"虎屋"的羊羹。收礼的一方，甚至连价格都了然于心："这就是价值1万日元的羊羹吗？您真是诚心诚意啊。"

在各种新奇甜点层出不穷的时代，"虎屋"的羊羹树立起了经典的日式点心品牌。在日本，"虎屋"羊羹不仅在著名的百货店设有专卖店，在六本木等高端商店云集的地方也设有专卖店。早在20世纪80年代就在法国开店的"虎屋"巴黎店，至今仍在营业。可以说，"虎屋"羊羹在异国他乡已经扎下了根。

以下内容纯属我个人的观点："虎屋"羊羹并不是因

为其战略和商业模式的巧妙才树立起品牌，而是坚持追求制作出美味的日式点心造就了"虎屋"这个品牌。我认为这才是真正的原因所在。

在"獭祭"的品牌价值构建方面，"虎屋"很有参考价值。像"虎屋"的羊羹一样，如果能让人们认为"在这种时刻就应该喝'獭祭'"，形成这样的品牌力，那么"獭祭"必将迎来其更广阔的发展。

抛弃"只顾自己"的想法

虽说海外也在逐渐开始关注日本清酒，但是，要让人们从这么多种酒精饮料中，唯独选择日本清酒却并不简单。而且，人们对于日本清酒的了解也还不是很透彻。

在"獭祭"进入海外市场之前，日本清酒行业就一直在持续挑战海外市场。

可是，在海外超市的货架一角，经常陈列着积有灰尘的日本清酒。积有灰尘的海外来历不明的酒……换位思考一下，如果我是顾客的话，这样的酒我也不会买，甚至会直接忽略它，连目光都不会在上面停留一秒。

这么多年来，我一直看到的就是类似的情况。所以，进入海外市场的"獭祭"，不能采取这种营销方式。

"赚钱优先"，只会勒紧自己的脖子

到现在为止，日本清酒进入海外市场，主要是由国家来进行主导推广的。但是，我却不喜欢这种方式。日本清酒行业认为"今后日本的清酒市场将会缩小。为了让传统的日本清酒能够生存下去，必须开拓海外市场"，但是，这些只是日本清酒行业所面临的困境而已。如果仅仅因为内部市场萎缩，就去拓展海外市场，我觉得这种想法也太傲慢了吧。

因为日本市场缩小，为了寻求活路而走向海外，抱有这种想法的企业正在不断增加。虽然进入海外市场的想法本身没有什么问题，但我却并不认同那些以赚钱为首要目的的做法。

举个例子，某个拉面店在进入海外市场后，因为大受欢迎而迅速将连锁店扩展到了 50 家。不过，在短短的两三年后，由于海外顾客对其丧失了兴趣，又不得不早早地撤走了。

据说这个拉面店的经营者，此次又计划着要在海外开一家寿司店。

顾客仅仅在两三年内就厌倦了这家店的拉面，就是它并不能让顾客感到幸福和满足的证据。也许"赚钱优先"才是这个企业的真正目的吧。

我们只酿造自己觉得好喝的日本清酒。我相信即使是海外的顾客，只要品尝一下"獭祭"，就能感受到它的独特美味。如果我们以"赚钱优先"作为目标来开发新酒投放到海外市场的话，前景注定会是一片黯淡。

以"希望顾客满意"为基础

还有比眼前的利益更重要的事情。

那就是，让品尝到日本清酒的顾客能感到幸福。我们在进入海外市场的时候，也时刻提醒着自己，不要忘记"想看到顾客幸福的笑脸"这一初衷。

这是在法国米其林三星餐厅"侯布雄"拍摄的照片，照片中用玻璃杯一边喝"獭祭"一边享受美食的顾客，露出了满意的笑容。

在米其林三星的法式餐厅"侯布雄"享受"獭祭"的顾客

可以说，我们酿酒就是为了看到顾客在品尝"獭祭"时露出的幸福笑容。所以，对于我们来说，顾客的满意笑容远远优先于赚钱。

在乡下，我们经常可以看到种植蔬菜的农户将收获的蔬菜分给邻居们品尝。

农家的老婆婆从屋后自家田地里拔了萝卜送给我们。对于那位老婆婆来说，她之所以这么做，无非是希望看到我们在品尝到她精心培育的蔬菜时露出笑容，仅此而已，并不包含任何复杂的谋算。

酿造"獭祭"的我们，跟这位老婆婆的心情是一样的。总之，我们希望品尝到"獭祭"的人们高兴，希望顾客们露出满意的笑容，这就是我们酿酒的初衷。即使现在"獭祭"进入了海外市场，这个初衷也不会改变。

如果只追求眼前的利益，就只会考虑如何向顾客出售自家商品。这样做的话，即使暂时能够畅销，也不会长久，更不能让顾客成为"回头客"。

不从"自身的利益"而是"顾客的利益"出发去思考，只有坚持这么做，销售额和利润才会自然而然地增加。

不要一味迎合对方，"传播自己的价值观"才最重要

我在上文中谈到的不要"只顾自己"，并不是指什么都要去迎合对方。如果把商品、服务等基础都扭曲了的话，也是无法让顾客获得幸福感的。

在海外扩展的基础上，"獭祭"正以日本清酒为舞台而全力以赴地奋斗着。当初，把日本清酒进入海外市场作为研究对象的学者们，曾提出了"最好再酿造出更适合外国人口味的酒""葡萄酒在全世界畅销，日本的酒厂应该向葡萄酒学习"等建议。

进入国外市场后，日本清酒时常被拿来和葡萄酒做比较。日本清酒和葡萄酒完全不同，葡萄酒的原料是不适合长途运输的葡萄，所以，一般都是在葡萄的产地酿造的。

另一方面，酿造日本清酒的原料是大米，而大米即使

经过长途运输品质也不会降低。因此,我们可以从距离山口县 300 公里的兵库县东市特 A 酿酒米的产地,购入"山田锦"米。不仅如此,现在我们也从新潟县、枥木县、茨城县等地采购"山田锦"。

从各地采购最好的酿酒原料,再酿造出最高品质的酒,这就是日本清酒的特点。

我们并不想把"獭祭"改成葡萄酒,当然,也没有考虑过为了让"獭祭"呈现出和葡萄酒一样的味道而降低精米度。"獭祭"是日本清酒,我们要保留其独有的风味。

用大米酿造的酒中,还有一种绍兴酒。不过,绍兴酒的精米度是 90% 左右。所以,对精米的打磨,才使日本清酒成其为日本清酒。

因此,即使进入了海外市场,我们也将以"日本人的价值观"来销售"獭祭"。我坚信喝了"獭祭"的外国顾客也同样能感受到幸福。

以"獭祭"的特色来决一胜负

为了迎合外国人的口味来改变"獭祭"的味道,这并非易事。如果用临时抱佛脚式的短时间学习去进行对海外调研,最终得出的也只不过是一些肤浅的结论。

换位思考一下,如果外国的葡萄酒厂家说:"这是符合日本人喜好的葡萄酒。"大多数的日本人也会不明所以,甚至还会有人提出"你们对日本人了解多少呢"之类的质疑吧。

其实,"想喝地道的葡萄酒"才是日本人真正的内心需求。

在海外销售的日本清酒也是一样,如果没有了日本特色,缺少了"獭祭"的风格,即使一时受到关注,也难以树立起品牌,扎下根来。

人们无论是在东京品尝"獭祭",还是在山口县品尝"獭祭",都是同样的味道。而且,在纽约和巴黎也能品尝到同样味道的"獭祭"。这才是我们的理想。

所以，我并不打算为了迎合欧洲市场、迎合美国人的味觉而改变"獭祭"的口感。因为那不是顾客真正的需求。

日本的法拉利爱好者想要购买的法拉利，是与原产地一模一样的法拉利。虽说日本的道路狭窄、经常发生交通堵塞的情况，但如果厂家为了适应日本的路况而将法拉利改造成适合在拥堵路段行驶的车，我估计大部分法拉利爱好者都不会购买吧。

即使在日本的道路上无法充分发挥出法拉利的性能，但是日本的法拉利爱好者们还是愿意花钱购买它。

"獭祭"很适合搭配法式大餐

2017 年，我与米其林星级总数世界第一的法国名厨乔·卢布松先生，共同制定了一项宏伟的计划——在法国巴黎共同开设一家可以品尝到日本酒"獭祭"的，包括餐厅、酒吧、商店、咖啡厅等在内的综合店。这是旭酒造在海外开设的第一家店铺，通过与法国饮食文化相结合的方式，将日本清酒推广到国外。我们期待着将来能开辟出更多新的市场。

与乔·卢布松先生共同品尝"獭祭"时，他说了这样一番话："比起日本美食，我觉得'獭祭'与法国美食的搭配更加完美。"

这对于正在全力以赴开辟海外市场的我们来说，真是一句十分鼓舞人心的话。

"獭祭"即使进入了巴黎市场，还是维持其原有地道的口味不变，与日本销售的"獭祭"具有同样的口感与品质，以此来赢得客户的青睐。

作为法国的国民酒——葡萄酒，其特点就是味道中有"棱角"。因此，也有专家评论说，"獭祭"以追求平衡的味道为目标，口感中没有"棱角"，虽然容易入口，但"略显稚气"。也有业内人士热情地给出建议："日本清酒需要更加'成熟'一点。"

要酿造出有"棱角"的日本清酒其实非常简单，只要省掉一些烦琐的酿酒步骤就可以了。可是，"口感佳、又非常有底蕴"正是日本清酒"獭祭"与葡萄酒不同的地方。如果特意酿造出"有棱角"的酒，即使一时能被顾客接受，但迟早会在巴黎失去立足之地。

乔·卢布松先生（中）和作者（右）
左边是旭酒造的现任社长一宏先生

　　从这个意义上来说，乔·卢布松先生的话对于"獭祭"来说是非常有价值的。也许在一两年后，法国人对于日本清酒的价值观会发生变化。只要一想到法国人在享受美食时也许会给出"'獭祭'也深受法国人喜爱"的评价，我就情不自禁地欢欣雀跃起来。

在卖酒的同时教育市场

把"獭祭"的价值观传播到海外，也是我们重要的工作。

2016 年，"獭祭"的直营专卖店在银座开张了。担任新国立竞技场设计师的隈研吾先生，专门为我们进行了设计。那里除了销售"獭祭"的招牌商品外，还会定期举行研讨会，由社长或前任酿酒工厂负责人等担任讲师，以"'獭祭'是怎样的一种酒""'獭祭'在海外"等为主题，让人们更进一步地了解"獭祭"。

在国外，我们采取的也是同样的方式。在销售"獭祭"的同时开展市场教育，让人们更加了解日本清酒"獭祭"，以此不断地拓宽海外市场。仅仅销售日本清酒这种"液体"的方式是不可取的。

日本清酒是一种什么样的酒呢？它有着怎样的历史和文化？"獭祭"又有什么独特的魅力呢？在销售"獭祭"

的同时，我们也在增进人们对"獭祭"、对日本清酒的了解。因为只有让更多的人了解"獭祭"和日本清酒，才能真正让日本清酒畅销海外。

正因如此，我才来到法国、纽约等地，致力于传播"獭祭"的价值观。例如，我在法国的料理学校，面向饮食行业相关人士召开说明会，也是其中的一个重要环节。

在开拓新市场的时候，很多厂家都想迎合对方的市场和价值观。如果这样做，刚开始可能会因为新奇而畅销，但是如果不重视自己所赖以生存的文化，品牌只会逐渐失去存在感，最终无法在市场上立足。

有"销售意愿"的地方才能开辟出市场

在 20 世纪 90 年代的纽约，日本清酒被定位为"民族性饮料"。人们将热到烫手的日本清酒，用嘴吹冷后再喝。当时，日本清酒充其量不过是一个用来向朋友们炫耀自己对酒多么博识的工具——"我知道有这般有趣的酒"。

进入 2000 年以后，"冷酒更美味"逐渐成为人们的共识。现在的人们对纯米大吟酿这样高品质的酒更为青睐，这让我深刻地感受到了顾客消费意向的变化。

当我告诉妻子，我要在纽约销售"獭祭"时，她却这样说："纽约离日本这么远，日本清酒是不会畅销的。"

但是，在"獭祭"进入纽约市场三年后，妻子又说："本月'獭祭'在纽约的销售额是〇〇美元，下个月可能会突破〇〇美元。"类似这样的情形，在我们的日常生活中经常出现。

大部分人都认为在纽约销售日本清酒很难，而且，从事日本清酒行业时间越久的人，越没有信心。在这种大环境下，我们却能让"獭祭"进入纽约市场并取得不错的销售业绩，是因为我们对这里有"销售意愿"。

正因为我们有着"希望纽约人也能品尝到'獭祭'，为他们的生活增添幸福感"、"希望'獭祭'在纽约也能作为品牌扎根下来"的强烈意愿，才能让"獭祭"在纽约也得到人们的认可吧。

如果一开始就没有在这里开拓市场的意愿，即使是本来能畅销的东西也卖不出去。如果自身没有开拓精神，仅仅是因为"有行政补助金，所以去国外试试""日本清酒的风潮正在兴起，不赶上这波风潮可不行"等，抱着被动心态去做的话，就很容易半途而废。

开拓海外市场不能依靠政治力量

进入海外市场，如果没有坚强的意志力和勇气的话，产品很难获得很好的销量。

"獭祭"进入世界市场的契机就是 2003 年日本清酒出口协会在纽约举办的活动。在那次活动中，我遇见了一位在纽约当地经营日本餐厅的经理，听说他在日本的时候经常喝"獭祭"，于是，我委托那家日本餐厅开始销售"獭祭"。后来，在那家日本餐厅里，不只是日本人，连当地的美国人也成了"獭祭"的回头客。我觉得这为"獭祭"进入纽约市场打开了一扇门。

之后的几年，我更是以每月一次以上的频率，频繁地去海外出差。为了开拓海外市场，除了美国我还去了欧洲、亚洲等多个国家，为"獭祭"开辟新的海外销售渠道并加以宣传。

当然，也有不少酒厂想依靠政治家或业界团体等的帮助，来开拓海外市场。但是，如果只是光依靠别人的话，在海外市场是没法扎下根来的。

"獭祭"之所以没有选择留在本地的山口县，而是突然进军东京市场与众多品牌一决高下，其中有这么一个小故事。

这是"獭祭"在东京刚开始畅销，旭酒造所在地周东町（现在的岩国市）的町长去东京出差时发生的事情。在赤坂的一家居酒屋，町长说到自己来自山口县，于是居酒屋的主人一边介绍自家店里有山口县的好酒，一边笑着拿出了"獭祭"。

但是，"獭祭"当时并没有在山口县的产地周东町销售。町长不仅不知道有一种名叫"獭祭"的日本清酒的存在，甚至连酒的名字"獭祭"都不会读。满腹疑团的町长看了看酒的标签，居然是自己所在的周东町的旭酒造酿造的……可以想象，町长当时一定非常吃惊吧。

如果委托山口县当地的政治家，通过政治力量让"獭祭"进入东京市场的话，说不定反倒不会这样顺利。

一直到现在，我们都与"政治力量"这个词无缘，在本地的县厅里也几乎没有熟人。

正是因为"獭祭"有着"地方小酒厂用美酒纯米大吟酿驰骋东京"的背景，所以才渐渐地成为人们的话题。如果"獭祭"仅仅依靠政治力量进入东京市场，估计更需要一番苦战吧。

在 2014 年奥巴马总统访日之际，当时的首相安倍晋三将"獭祭"作为礼物送给了他，这件事在当时成了热门话题。虽然我也听到有人说，"这广告公关的手段真是厉害"。但实际上，这并非我刻意公关的成果。

安倍晋三首相是出身于山口县的政治家，所以我们并不陌生。但是，日本首相将"獭祭"作为礼物送给了奥巴马总统，这并不是因为我个人的请求。我也是后来才听说，原来安倍首相一直爱喝"獭祭"，当时他也是根据个人判断才决定将"獭祭"赠与奥巴马总统的。

　　在进军海外市场时也是同样的道理。进入海外市场，与在日本市场销售相比，更需要有凭借自身开拓市场的毅力和觉悟。

　　如果想依靠别人来开拓新市场，当进展不顺利时就会责怪"业界团体不给力"、抱怨"外国人不懂日本清酒的魅力"等，怨天尤人，最终轻言放弃。在开拓国外市场的过程中，可能会遇到很多不尽如人意的事情。这时，要想克服困难，冲出困境，最终还是需要自力更生，依靠自身的"销售意愿"去拼搏。

第五章
促进公司和员工成长的『口头禅』

"危机"会使人成长

迄今为止，我们经历过数不清的失败，其中最失败的一次、也是最让我难忘的一次，是在本地经营啤酒餐厅。

在 20 世纪 90 年代后期，可以说，无论哪家日本酒厂都面临着同一个问题，那就是大部分杜氏都是出生于 20 世纪 60 ~ 70 年代的人，他们已经步入老年阶段。

其中，我们酒厂有着长达 13 年酿酒经验的杜氏，也到了 65 岁这个随时可能宣布退休的高龄。

当时，杜氏是酿酒流程中的关键人物，这样下去，我十分担心酒厂的未来。于是，我请求杜氏培养年轻的继任者。不过，杜氏认为自己的工作是酿酒而不是培育新人，所以，怎么也不肯将酿酒技术传授给年轻一代。在这种状况下，为了今后能够继续酿酒，我必须在自己的酒厂培养新的杜氏。

但是，我们却遇到了一个很大的障碍。那时，酿酒只能在气温低的冬季进行，这是行业的"常识"，就连现在，也有很多酒厂仍然只在寒冷的冬季才酿酒。

如果夏天不发工资，只让员工冬天来酿酒的话，可想而知，这是根本招不到人的。夏天不能酿酒却还要支出人工费，所以酿酒的人工成本一直居高不下。

在当地开办啤酒餐厅损失了 1.9 亿日元

于是，我想到了一招：增加啤酒酿造业务。夏季啤酒肯定会畅销，我们就可以春季和秋季酿啤酒，冬季酿日本清酒了。这样一来，旭酒造全年都可以酿酒，给员工们发全年工资也就不再是棘手的问题了。

要在本地酿造啤酒，首先需要从监管机构那里获得酿造啤酒的执照。我填写好各种必须向市政府提交的材料后，却没能获得许可。他们给出的原因是，因为不知道酿出的啤酒能否畅销，所以不允许酿造啤酒。我只好向经营顾问请教，受其"点拨"后，我迫于无奈地在当地开了一家啤酒餐厅，最终通过这种方式才获得了酿造啤酒的许可。

1999年3月，赶在樱花盛开的季节，我们在当地的锦带桥河畔开了一家啤酒餐厅。当时也不知道是怎么想的，居然还叫来了街头艺人进行表演。现在回想起来，开这家啤酒餐厅，是我没有独立地深入思考，直接依从经营顾问去做的结果。这根本就不是我自己想经营的餐厅类型。

当初我们也充满了期待，不过，营业状况却不乐观，顾客人数也不见增长。虽然刚开业的时候，有过一段人气，但是一个月后，只剩下预期人数15%～25%的顾客。

果然，酿酒行业和服务行业完全不同。没有相关经验的我们，贸然地进入餐饮行业，是不可能顺利发展的。因为顾客人气不旺，加上前期投资过多，餐厅不久就陷入了经营困难的苦境。

另外，选错了经营顾问也是我们的一大失误。由于他提供了类似欺诈行为的建议，最终导致我们陷入了民事诉讼。

最终这家啤酒餐馆，仅仅3个月就关门大吉。投资的2.4亿日元，也泡了汤。

更严重的是，银行停止了对我们的融资。啤酒餐厅倒闭的消息，上了电视的晚间新闻，各大报纸的地方版面也报道了这个消息。所以，银行认为"旭酒造酒厂很有可能倒闭"，这也是理所当然的。

虽然对经营顾问提起民事诉讼获得的赔偿加上前期的销售回款，我们共计收回了 5000 万日元，但 1.9 亿日元的巨大亏损，对于一家小型酿酒厂来说，无疑是一个非常巨大的打击。

之后，我基本上就是为了还债而四处奔走。每天收集着口袋里的零钱，看到松树时，我甚至曾萌发出想在那棵松树上结束生命的冲动。

雪上加霜的是，在酒厂工作了 13 年的杜氏也弃我们而去。

当然，在当时的情况下，杜氏认为在我们这里酿酒可能拿不到工资，出走也是很正常的。杜氏是依靠团队来酿酒的，如果拿不到工钱，不能给自己的手下发工资的话，那可不得了。所以，也不能责怪他当时的选择。

当时，包括员工在内，我周围的人基本上都认为旭酒造 99% 的概率会倒闭，我自己也觉得倒闭的可能性到了 60% 左右。

啤酒餐厅倒闭时，我被周围的人狠狠地批判了一番，劈头盖脸而来的都是"毅力不足""需要更加努力"这样的话。尽管如此，仅仅 3 个月我就决定关门是因为"如果在这里放弃的话，还有一丝希望能够在别的地方重新开始挑战"。

因为如果继续经营啤酒餐厅，酒厂就有可能破产。也就是说，如果当时不关闭啤酒餐厅及时止损的话，之后也就没有"獭祭"的诞生了。

没有无法东山再起的失败

正如前文所述，那次大的失败导致了杜氏离开酒厂。但是，"塞翁失马，焉知非福"，也正是因为杜氏离开了酒厂，我和员工们才一起创造了四季酿酒的新模式。

失败后的痛定思痛以及为摆脱困境所做出的努力，都将成为公司成长的铺垫。人生中充满了未知数，也充满了机遇和挑战。

有了那次经历，我觉得没有任何失败能阻止我东山再起了。虽然失败对经营者来说是沉重的打击，特别是在精神上的打击非常大。但是，如果经历一次失败就一蹶不振、爬不起来的话，那才是真正的失败。

失败了就应该总结失败的原因，重新来过就好。这是转败为胜的唯一途径。

而且，时刻做好即使失败了也不至于让公司一败涂地的准备，这对于经营者来说是十分重要的。我认为，只要是在财力允许的范围内，就可以反复试错。

失败是现在进行时

2016 年，我们灵活利用在酿造"獭祭"的过程中产生的米糠，发售了一款名为"米奶"（Rice Milk）的产品。因为在精碾过程中被磨掉的大米胚芽等部分含有大量的营养物质，在促进健康和美容方面有其独特的功效。

虽然对这款产品我们寄予了厚望，但实际上它并没有像我们预想的那样畅销。这大概是因为我们主要的销售渠道只有直销店和本公司的网络商店，产品在味道上也还有改良的余地。现在，我们也在绞尽脑汁让它变得更好、更畅销。

　　"米奶"的现状，从表面上看起来好像是失败了。但是，我坚信失败中有着通往成功的道路。

　　失败是成功之母。一想到这句话，我就会涌起克服当下困难的勇气。

不断地改变

日本清酒的市场份额不断下降的原因之一在于，行业因循守旧、固守传统。可以说，其他的产业和行业也同样存在着固守传统的弱点。

追溯日本清酒的历史，据说在室町时代就已经有了用酒曲来发酵大米的制作方法。在 500 年前的历史文献中，就有关于酿造方法的记录。但是，如果用文献中记载的方法来酿造日本清酒，酿出的则是与现在的日本清酒完全不同的东西。

颜色像酱油一样，味道也和现在的日本清酒完全不同，酸味和甜味跟现在的日本清酒相比，要高出 3 倍以上。也就是说，在 500 多年的历史岁月中，日本清酒实际上是不断地在发生着变化的。在这一点上，日本清酒与那些在同样的产地、采用同样的方法、多年持续酿造出的葡萄酒是有所不同的。

对日本人来说，以酿造出更美味的酒为目标，想办法去改良酿造方法是理所当然的事。而与此相对应，改变酿酒的建筑物风格和酿酒的设备不也是合乎情理的吗？

我认为，所谓日本清酒的传统，不是"因循守旧地保持原样"，恰恰相反，"不断地改变"才是日本清酒的传统。

有人说，"獭祭"的酿造方法偏离了传统。但是，不管采用什么样的酿酒方法，最终目的无非都是酿出"美酒"而已。正因为我们追求的目标是酿造出让顾客满意的美酒，才有了现在的"獭祭"。

卖不出去的就是"次品"

我去全国各地演讲的时候，有些地方企业常提出这样的问题："我们对自己的产品很有自信，但就是在东京卖不出去。怎么做才能让销路好一些呢？"

每当这种时候，我都是这样回答："因为产品存在缺陷。"

产品在东京卖不出去，自然有其滞销的理由。要做的是找出销售不佳的原因，然后改进产品。如果只顾着闭门造车，而不考虑顾客的需求，那么不管采取什么样的销售战略，费尽全力地宣传推销，最终还是难逃迅速失去市场的厄运。

因此，为了让品尝到"獭祭"的顾客都能获得幸福感，我们总是不断地对产品进行改进。

即使对于不够"完美"的日本清酒，日本人也总能发现口味独特的地方。正是因为日本清酒历史悠久，日本人才形成了诸如"好入口""回味悠长""辛辣爽口"等各种各样的口感和喜好，并产生了对酒的各种理解。

但是，不了解日本清酒的外国人，却不会用这种方式来享受日本清酒带来的美感，也没法在了解的基础上来包容清酒的不完美之处。在"獭祭"最初进入纽约时，我就切身体会到了这一点。

无论询问哪家公司的经营者，他们都对自己的商品和服务充满信心。也许，他们是真的认为自己的产品"没有缺陷"吧。但是，这么"完美"的商品却卖不出去，那么从顾客的角度来看，一定是存在问题的。认识到这一点非常重要。

只要细致地关注顾客的需求并在此基础上不断地改进产品和服务，就一定能找到解决问题的突破口。

忽略"成本"

一般来说，降低企业的成本会受到褒奖。但是在旭酒造，我们却不太重视"降低成本"这个词。

如果企业的经营者一年到头都只想着如何降低成本的话，这种企业也赚不了多少钱。当然，通过削减一些纯属浪费的开销来降低成本，这是应该的。但是，如果对于成本上升这一问题过度敏感的话，最终只会失去顾客。

"獭祭 纯米大吟酿50"虽然属于精米度50%以下的纯米大吟酿，但实际上，其精米度已经达到了39%。无论是"獭祭 三割九分"，还是"獭祭 二割三分"，精米度都远远地低于50%，我们就是这样把酿造出高品质的日本清酒作为目标而不懈努力的。

要想在精米度上精益求精，就需要花费大量的时间、人力和物力。也就是说，要增加很多成本。尽管如此，我们仍然要这么做，因为我们的基本方针就是——"将赚取的利润返还到品质提升的过程中去"。

幸运的是，现在"獭祭"的销售额在不断地增长，因此我们也获得了一定的利润。然而，越是公司赢利的时候，越需要有危机感。

这是因为，在企业赢利时，无论是社长还是员工，都有可能变得大手大脚，出租车费和接待交通费等开支也有可能会不断增加。被外国收购的日本大型企业多不胜数，其中有很多就是因为在顺风顺水的赢利时代浪费了赚来的钱，没有将其用在提升产品和服务质量方面，最终落得一败涂地的下场。

将利润投到品质提升中

恰恰只有那些因为浪费而导致成本上升，从而面临利润下降的企业，才会以"这样下去可糟了，要降低成本"为由，去降低关乎产品质量好坏的原材料等成本，最终导致产品质量下降。

其实，我们都有一个弱点。虽然对于成本上升非常敏感，但是在降低成本会导致品质下降这一方面却感觉迟钝。

公司赢利后真正应该做的是，将获得的利润投入到提升产品品质中去。对原材料、制造设备以及员工进行投资，以期进一步地提升产品的品质。只有这样，才能最终赢得顾客的信赖。

一般来说，酒厂的毛利率大概在 33% 左右。如果大幅超出这个范围的话，我们就会认为这是危险的征兆。所以，多出来的那部分利润，我们就会投入到提升产品质量的各个环节中。

如果削减成本的话，确实会让眼前的短期利润增加。但如果因此产品品质降低，那就本末倒置了。

我们必须铭记的是，如果以牺牲产品质量的方式来降低成本的话，肯定会失去顾客的信赖。

以降低成本为目的难以产生创新

如果从一开始就只考虑用低成本来酿酒的话，是很难进行创新的。最初，在我们自力更生酿造纯米大吟酿的时候，很显然投入的成本要远远高于产出。

在投资进行产品研发的阶段，也必须做好接受赤字的心理准备。如果我们被"不能产生赤字，不能亏本"的前提所束缚，那么"獭祭"这样的纯米大吟酿就不会诞生了。

当然，我们最初开始酿造"獭祭 纯米大吟酿50"的时候，非常细致地对成本进行了估算。一般酒厂大多只是粗略地估算一下成本，就开始给产品定价。

但是，我们当时就决定好了。"獭祭 纯米大吟酿50"一升装单瓶的售价为2500日元（经过价格调整后，现在的售价为2850日元）。

在居酒屋喝上两杯500日元（0.8合，原价200日元）的"獭祭"，再稍微来点儿下酒菜的话，2000日元左右就足够了。为了让客人们能够开心地品尝到"獭祭"，我们认为将一瓶一升装的"獭祭"定价为2500日元（1杯原价200日元）是合理的（结果，很多居酒屋都不是以两杯500日元而是1000日元左右的价格售卖"獭祭"的……）。

虽然在产量少的时候我们亏本了，不过，在"獭祭 纯米大吟酿50"变得畅销之后，我们开始扭亏为盈。

如果当初我们为了不亏本，将价格设得更高的话，"獭祭"可能在"起跑线"上就已经输了。

最近，我经常听到"成本效率"这个词，但是光从其过于凸显"成本"这一角度来看，这与创造出让顾客满意的新产品，好像没有太大的关系吧。

一味费尽心思降低成本的话，是很难产生创新的。企业经营者有时要具备"忽略成本"的勇气才行。

卖"毒药"，还是卖"幸福"？

旭酒造从来不设销售定额等目标。

设立销售目标，完全是出于酒厂自身的利益考虑。对于顾客来说，酒厂的销售额是多是少其实无关紧要。

如果酒厂设了很高的销售目标，就意味着要让顾客比以往喝更多的酒。

如果经营的东西是食品、服装、日用品的话，越畅销企业就赚得越多，人们的生活品质也能得到提升，可以说是一举两得的好事。酒虽然被称为"百药之长"，但饮酒过量也会伤肝，甚至引起酒精中毒等，存在一定危害健康的风险。

如果酒厂设定很高的销售目标，连续不断地大量推销，其实就是不顾顾客的身体健康，只是为了自己能够赚更多的钱而已。

如果这样做的话，会增加许多因为过量饮酒而失去健康的顾客，这是我们不想看到的。而且，长此以往，这样也会降低日本清酒的品牌价值，是一种作茧自缚的行为。

当然，我还是希望能有更多的顾客品尝到"獭祭"，但我们并不以扩大销售额为目标。我希望人们品味美酒而不是贪杯，希望酒能够给人们的幸福生活锦上添花。

大量生产、大量消费的商业模式，是建立在无视顾客的实际情况、一味大量推销的基础之上的。

这是我们曾经在本地销售"旭富士"这种酒时发生的故事。

在某家酒行里畅销的小瓶Ⅱ级酒（质量一般但价格很便宜的酒），有段时间销售额出现大幅下降。

调查后发现，原来是因为每天来这家酒馆喝酒的客人患上肝脏疾病住院了。

其实，我在很多酒行都看到过类似的案例。差不多每天都买小瓶装Ⅱ级酒的顾客，一般都控制不好喝酒的量，属于有多少就喝多少的类型。所以，为了避免一次饮酒过量，很多顾客不买一升装的酒，而是每天去买质低价廉的小瓶酒来喝。可是，最后却因为酒精中毒或者患了肝硬化等疾病，再也不能喝酒了。

我们不想为了卖酒而无视顾客的健康，更不想卖给顾客品质不高的酒。哪怕销售额不多也没有关系，我们只酿造质量上乘的好酒。于是，我们决定转变方向，开始酿造优质的纯米大吟酿。

强行推销是没有前途的

当然，为了能让"獭祭"更有人气，也为了让更多的顾客品尝到"獭祭"，我们采取了各种各样的措施。

但是，如果"獭祭"以现在的 1000 倍、10000 倍的规模畅销的话，我反倒不会开心。这是因为，在销售额大幅增长的背后，可能是许多深受过量饮酒所造成的疾病折磨的人们。

酒的销售量应该符合社会的需求，所以不能超出这个范围强行推销。

希望顾客们通过品尝美酒为幸福的生活锦上添花——这才是我们的立场。

顾客如果在品尝美酒后能够获得幸福感，酒自然就会畅销，酒厂也能赢利。形成这样的良性循环对于旭酒造

来说非常重要，这也会给日本清酒行业带来更加光明的
未来。

过度追求销售额和顾客的幸福是难以并存的

要做成一件大事，重要的是不要树立过大的目标。我
之所以这么认为，是因为如果设定了过大的目标，就会
疲于奔命地去追求，反倒欲速而不达。

如果设立了具体的销售额目标，那么为了达成这个目
标，酒厂有时就会步入被迫降价的怪圈，也有可能会无
视顾客的身体健康和幸福而大力推销。甚至明明知道不该
这么做，但只要有一个具体的销售额任务，他们也会为
了完成这个任务而去做一些明知不可为的事。

本来 500 日元的商品就足以满足顾客的需求，但商
家为了赚钱，就会向顾客推荐 1000 日元的商品并以各种
商业手段吸引他们购买。这也是我常听说的事情。

我们认为，只要充分考虑到日本清酒作为酒精饮料的
特性，就会明白过于追求酒的销量与顾客的幸福是难以并

存的。

　　首先要追求让顾客满意的产品品质和服务，在逐一实现这些目标后，成果自然而然就会显现出来。

创造品牌要做好思想准备

其实，我们当时之所以挑战"獭祭　二割三分"，也有点想要制造话题的想法。

20 世纪 90 年代后期的日本，在各个领域都流行着争做"全国第一"的口号。因此，我当时就想，"獭祭"如果能在精米度方面成为"全国第一"的话，应该会受到瞩目而畅销吧。

实际上，23% 这个数字也是后来才定下的。我们本来打算以 25% 的精米度作为目标，但在出差期间我偶然得知已经有酒厂酿造出了精米度 24% 的纯米大吟酿，所以赶紧打电话通知自己的员工。虽然困难重重，但我还是决定将精米度从 25% 提高到 23%，这才创造出了"獭祭　二割三分"。

在我们以"二割三分"的精米度位居日本第一以来，其他酒厂也开始不断在精米度方面下功夫。据我所知，现在已经有酒厂酿出了精米度为 7% 的纯米大吟酿。

但是，我们并不打算参加精米度的竞争。因为在精米度方面是存在物理极限的，参与这方面的竞争并不产生什么新的价值。所以，仅仅在精米度的数值方面竞争并没有太大的意义。

我们的目标是进一步提高"獭祭"的品质，创造出新的价值。我认为只有那样做才能树立起品牌。

诞生全新品牌价值的"獭祭 磨砺 走向未来"

基于这样的构思诞生的是"獭祭"最高端的品牌——"獭祭 磨砺 走向未来"。这是一款在"二割三分"的清爽易饮的基础上，加入了日本清酒与生俱来的"醇厚"与"回味悠长"的产品。这是我们目前所能酿造出的最好的日本清酒。

当听到四瓶酒的价格是 3.24 万日元（含税）时，也许有人会觉得价格好贵啊。但是，世界上最贵的葡萄酒"罗曼尼·康帝"等标价都在 300 万日元以上。

　　高价葡萄酒的产生，可以说是投机性营销的结果。不过，我认为，在海外如何让这款日本清酒进入高端酒品牌市场和葡萄酒一争高下，是我们今后所面临的课题。

　　中东的大富豪们，就算想来日本旅行也往往因为"没有合适住宿"而放弃。因为在他们看来，日本的酒店无论哪家都不够安全。

　　当然，日本有的豪华酒店也配备有每日房费在数百万日元的高级套房。但是，这些却并不能满足那些大富豪们的需求。在他们看来，为了能够"安全入住"，他们需要的是每日房费在 1000 万日元级别的更加豪华的酒店。

"獭祭 磨砺走向未来"是"獭祭"最高端的品牌

如果想让这些大富豪们愿意品尝日本清酒，就必须酿造出价格更高、更具风味的名牌酒，而"獭祭 磨砺 走向未来"这款高级日本清酒的诞生，只是为了开辟这条道路所迈出的第一步而已。

怎样才能酿造出即使标价数百万日元也能畅销的日本清酒？这可以说是为了提高"獭祭"的品牌影响力，进一步说，也是为了提升日本这个国家在世界上的存在感的一个非常重要的课题。

"自下而上"很难打造品牌

培育品牌是企业家的工作。

在大企业中，自下而上的方式可以反映员工的意见和想法。但是在中小企业中，如果也采取自下而上的方式，只会带来不便。

拥有米其林三星餐厅的乔·卢布松先生，如果只是和气地采取自下而上的工作方式，估计树立不起品牌来。正因为他发挥出了强大的领导能力，他的餐厅才能脱颖而出。

经营顾问大前研一曾问世界知名的海外高级钟表制造商 CEO（首席执行官）："如果日本的钟表制造商要树立起和瑞士钟表制造商一样的品牌价值，应该怎么去做呢？"那位 CEO 是这样回答的："雇我吧！"

也就是说，不明白品牌为何物的人，无论多么频繁地参加会议，都是无法铸就品牌的。

"日本清酒应该在什么场景下饮用""采用什么样的酿造方法，才能构筑起品牌"等一系列与品牌根基相关的课题，在会议上是找不到答案的。

只有明白什么是品牌的人，在每天的思考和行动中，才能探出前进的道路。

在桶狭间之战中，织田信长率先率领数名部下讨伐今川义元。中小企业在树立品牌的过程中所必须做的，不也是像织田信长那样，自己开辟道路，一点一点地突破吗？

经营者的一举一动都关系到品牌形象

"獭祭 磨砺 走向未来"这款清酒也是在不断地思考如何提高品牌影响力的情况下诞生的产品。在一次海外出差中我因为时差而失眠。忽然，一丝灵感在我的脑中闪现。我马上从床上跳起来，给远在日本的公司员工打电话，决定开始酿造这样一款日本清酒。

现在回首往事，虽然我只不过是一直在认真地做着这样的事情，但正是这些努力，才一步一步地树立起"獭祭"这个品牌。

创造品牌要有思想准备。企业经营者的判断和理念固然非常重要，但其一举一动，也都与树立品牌息息相关。

在地方，很多人都认识酒厂的社长。乘坐电车时，如果附近有老人上车却没座的话，我就必须站起来让座。也许大家会觉得这是件小事，但重要的是，我要时刻注意自己的举手投足，因为这些都被大家看在眼里，记在心上。不过，因为我的头发也白了，所以有时即使我想让座，也会被对方婉拒……

成为"会思考"的人，而不是"会卖货"的人

旭酒造在急速发展的过程中，既有很多员工进来，也有不少员工离开。

优秀的员工辞职，也许是一个困扰着不少中小企业的烦恼，当然，它也有其无奈的一面。

纵观美国的 IT 企业我们可以发现，在不断成长的企业中，人员的变动非常大。

乍一看，公司人员发生较大变化，大家可能觉得这不是一件好事。但是，人才流动的作用，就是让最合适的人才更容易地进入最合适的公司或职位。进入第一家公司就一直干到退休，这种可能性其实还是比较低的。

现在，旭酒造的公司职员算上临时工在内也才 220人。最近，员工的流动性下降了，一方面员工的稳定性得到了提高，但从另一个角度来看，这也是暗藏危机的征兆。因为，不能进行"新陈代谢"的公司将会"僵

化"，渐渐地丧失创新的源泉。

　　虽然并不是说想让现在的员工辞职，但我认为有必要采取相关措施促进公司的"新陈代谢"。

不要过度依赖机制

　　公司以前出现过这样的问题。在酿造过程中，因为连接酒窖的软管脱落，好几次造成正在发酵的酒泄漏了出来。

　　这种情况持续了一段时间却迟迟得不到改善，我询问了现场的员工，他们却用一副消极无奈的表情回答道："与以前相比我们的产量增加了不少，所以，从某种程度上说这也是没办法的事情嘛。"

　　我向大家询问对策，有员工提出了通过 ISO9001 认证的建议。之前也有获得了 ISO9001 认证的老店，因为出现产品质量问题而引起了轩然大波。从那件事情就可以看出，获得 ISO9001 认证并不能解决所有问题。获得认证固然重要，但我认为提高员工对高品质的追求更为迫切。

于是，我命令两名经营管理人员仔细地检查酒窖，把100 个软管的阀门逐一检查了一遍。虽然做起来费时费力，但好像效果还不错。从那以后，再没有出现过同样的问题。

我之所以举这个例子，是为了说明机制固然重要，但是不能仅仅依靠机制。如果现场的每一位员工都没有追求高品质的工作态度，那么失误就难以杜绝，个人也得不到成长。

如果现场有管理人员每天检查，那么他们手下的员工自然而然也会仔细确认是否有软管发生泄漏。无论制定多少保持工厂清洁的规定，只要有一个人不遵守，所有的一切规定都有可能泡汤。

"行业常规"和"理所当然"导致组织僵化

我感觉，旭酒造正发生着这样的变化：在销售额不断增长的同时，员工们开始变得不爱开动脑筋思考和解决问题了。

组织僵化，员工们不再努力思考如何酿造出更美味的酒。与此同时，"差不多就行"的懒惰心理也开始滋生。可以说，现在一种所谓的"大企业病"正在逐渐地蔓延开来。

这样一来，我们很有可能又会倒退至过去那种"只要能卖就行"的酒厂经营模式。这是潜藏着巨大危机的。

为了打破这样的状况，在全员参加的每周例行早会上，我都会向大家分享自己的所思所想和现在考虑的事情。有时候，我也会向员工们提出问题，引导他们去思考。例如，"酿酒的意义是什么？""人生的意义是什么？"等稍微有点偏哲学的思考课题。虽然老员工对我说："这么难的话题，对于年轻员工来说可能难以理解。"但是，我认为增加员工们独立思考的机会，对于现在的旭酒造来说是非常重要的。

另外，为了方便员工们随时提出改善酿酒流程的方案，我们也设置了意见箱。

当然，培养出善于思考、善于发现问题、善于解决问题的优秀员工并不是一朝一夕就能做到的。但是，如果平时不努力的话，员工们就会被"行业常规""理所当然"等想法"牵着鼻子走"了，企业的组织结构也会逐渐僵化。

旭酒造是一家员工人数增长很快的公司。这样的公司所面临的组织结构问题是个亟须解决的课题，存在许多必须进行改进的地方。

但是，我们也有始终坚持不变的原则。

那就是"为了顾客能够获得品尝美酒的幸福感，酿造出品质更高的酒"。只有这一点，我们会始终坚持。这一原则始终为我们公司在"商海"中的"远航"指引着正确的前进方向。

结束语

也许大家听说过这件事情。2016年12月,当发现一部分"獭祭 磨砺 三割九分"中混入了虫子时,我们立即在当天将已经装瓶的大约9300瓶进行了召回。

虽然并没有收到有顾客因此导致身体健康受损的消息,但我们给顾客和经销店等带来了非常大的麻烦。借此机会,我再次郑重地向大家道歉。

以那次事故为契机,我开始重新思考公司经营和组织结构应有的状态。我发现最大的问题是,尽管旭酒造是一个远在深山里的酒厂,也还是开始患上了"大企业病"。

事实上,在2016年夏天,由于对一部分酒的市场需求量进行错误的预估,库存大量积压导致酒的品质劣化。另外,我们在预估年末市场需求时又出现了失误,导致年末"獭祭"一度脱销,市场上出现了断货现象。

从现场当事人的角度来看，这似乎是"没有办法的事"，而我却认为这并不是"没有办法"，而是一种逃避责任的托词。实际上，这些在日本清酒行业被当成了"没办法避免的失误"，大家都视作平常，而不是从公司内部反省为什么会出现这样的问题，更别提积极地解决问题，避免再犯同样的错误了。

但是，旭酒造在看待这些问题时，都会视其为完全可以避免的失误。我们认为这些失误都是以前可以避免、这次也"应该"能避免的。

近年来，为了配合公司的发展，旭酒造建立起了公司内部的组织结构，把集体指导机制引入到了酿造部门。并且，一直致力于技术的积累。当时，我还自以为建立起了日本名列前茅的管理体制，却没有注意到，这也导致了公司内部组织结构的弱化以及负责人不担责的情况。

其实，在变成这样之前，旭酒造虽然有不少"外行"员工，组织结构也没有形成特别的体系，但是，一声号令，全员就劲往一处使，一旦发现问题就对路线灵活修正。这种团队看起来不专业，但执行力都很强。

但是，伴随着"獭祭"的销售额不断增长，旭酒造却渐渐地患上了"大企业病"。面对新事物，找出各种理由不去尝试，就算预测到有潜在的危机，也不去采取任何措施，做任何事情总是害怕失败。

关于此次产品中混入虫子的事件，也是"大企业病"所导致的结果。"本藏"的酿酒设备，正如事后进行介入检查的保健所工作人员所说，在卫生方面该做的日常清洁工作都做了。其实，在此之前我们一直都自认为已经彻底地实施了防止异物混入的措施，而且，在员工的清洁教育方面也投入了不少的时间和精力。

但是，无论是多么理想的酿造设备和教育体系，如果员工们仅仅依赖于设备和体系的话，是无法完全避免问题的产生的。实际上，也确实发生了虫子混入的事故。也许是在生产线上，机器在装瓶与封盖之间的短短数米之内，一只混入洁净车间的虫子飞进了瓶子里吧。

在事故发生后，我们重新思考了如何改善生产线流程才能避免类似事故。我们发现如果在酒瓶被灌满后，工作人员要是能够马上为生产线上的酒瓶盖上瓶盖，那么虫子进入瓶子的可能性就几乎为零了。

但是，为什么当初没有员工注意到这个步骤呢？没有十全十美的机器，所以存在缺陷也是理所当然的。但是，对于这些机器出现的纰漏，为什么没有进行人工补救呢？这是因为大家都没有开动脑筋去思考。

所以，我决定将这些视机器为万能的、反复开会形成群愚体制等快要患上"大企业病"的组织结构全部推翻，进行重构。

另一方面，通过这次的事故，我也下定决心要进行改革。

自从新闻报道后，打到酒厂的电话都是很严厉的批评。我感觉，100 件中有 98 件是责难非议，只有 2 件是冷静的建议。也有一部分周刊报道说："这是大受媒体关注的题材。"

然而，过了一阵子后，我们接到的电话中，超过了 80% 都在鼓励我们跌倒后重新爬起来，继续努力酿造好酒，给我们提供了很多充满善意的建议。

发生了事故，自然会在"不谨慎"方面受到大家责难。但是，在这一连串的社会反应中，我再次认识到，旭酒造还是得到了大多数顾客的认可。有很多人提出了善意的批评，也有很多人选择继续相信和支持"獭祭"。在出了这次事故后，"獭祭"的销售额并没有出现大的波动，年末和新年后的销售额还是和往年一样保持了增长。钟爱"獭祭"的顾客在危机中挽救了"獭祭"，我的内心充满感激。

正因为如此，决不能允许同样的事故再次发生。为此，我大刀阔斧地对快要患上"大企业病"的组织结构进行了改革。一如既往地追求"酿造出更美味的酒",让顾客在品尝"獭祭"时获得幸福感,这是我所肩负的使命。

櫻井博志